我和父母与弟弟骏

我的外祖父母一家人，中排为外祖父白石与外祖母

我与中国母亲和弟弟妹妹们，前排左一大妹淑珍、后排左一二妹淑琴、
左二大弟林泉、左三二弟林祥、左四小弟林忠、左五小妹淑清

我的中国父亲王殿臣

我的中国母亲贾凤朝

我与儿子广田、女儿海燕

我与老伴在武汉东湖

翻盖后的故居，稻田已售出

在外祖父家门前，前排从左一为小姨父皆川安之助、左二大姨母镜宫、左三小姨母皆川鹤子，后排左一白石真市、左二二姨母菅野花子、左四表弟的妻子白石茂子

在劳动人民文化宫与参加《北京市十年改革成就展览会》筹备工作人员合影

我的中国一家人

丹羽宇一郎大使向养母颁发感谢状

在斋藤二雄与李家宏结婚典礼上的合影

我的油画作品

翔 ▶

◀ 颐和园小景

古画新颜之一 ▶

◀ 古画新颜之二

承德避暑山庄烟雨楼 ▶

谨以此书献给我的中国父母亲

謹んで、この書を私の中国の両親に献げる

═ 亲历·见证·口述 ═

我在中国75年

二战日本遗孤自述

WO ZAI ZHONGGUO 75NIA

Erzhan Riben Yigu Zishu

王林起 著

西苑出版社

XIYUAN PUBLISHING HOUSE

北 京

图书在版编目（CIP）数据

我在中国75年／王林起著．—北京：西苑出版社，
2015.11
ISBN 978-7-5151-0545-1

Ⅰ．①我…　Ⅱ．①王…　Ⅲ．①王林起—回忆录
Ⅳ．① K828.1

中国版本图书馆 CIP 数据核字（2015）第 283238 号

我在中国 75 年

作　　者　王林起
责任编辑　刘小晖
出版发行　西苑出版社
通讯地址　北京市朝阳区利泽东二路3号
邮政编码　100102
电　　话　010-64210080
网　　址　www.xiyuanpublishinghouse.com
印　　刷　三河市鑫利来印装有限公司
经　　销　全国新华书店
开　　本　710毫米×1000毫米　1/16
字　　数　150千字
印　　张　15
版　　次　2016年1月第1版
印　　次　2016年1月第1次印刷
书　　号　ISBN 978-7-5151-0545-1
定　　价　32.00元

目　录

序　言

揭开记忆的尘封

一年以前，也是仲春时节，我接到老友王立缘兄的一个电话。他问我：“你记得王林起吗？也是北重厂的？”立缘兄指的是我曾工作过的北京重型电机厂。我在这个厂工作过二十多年。进厂时，这家国营大厂有四千多人，离厂时已经发展到近八千员工。我不可能都认识啊！立缘兄说：“要是说起他的外号你一定有印象。当年大家都叫他‘小日本’。”

哦，还真有印象呢！他个子不高，还真有东瀛人的样子。记得中日恢复邦交后，听说他还真是日本战争遗孤。当时，很多遗孤都在办理归根日本的手续。而这位遗孤却选择了“就留在中国”。由于工作不在一个部门，平日几乎没有接触。直到我离开这家工厂，也没有和王林起有过什么联系。立缘兄说：“此人有很传奇的经历，我希望你能见见他，我们一起聊一聊。”

不久，在立缘兄的安排下，我们三人坐到了一起。一见面，我就认出王林起来了。还是当年的模样，只是岁月在他身上脸上留下了年轮的痕迹。他也能认出我来。立缘要他简单地说说他的经历。原来他是幼年时作为长子，和父母一起被当时的军政府动员背井离乡。来到中国黑龙江的“日本开拓团”的。来华后不久，日军即走向衰败。父亲被强征入伍。很快就传来他被俘后病死于苏联某地的噩耗。侵华日军投降前，这些开拓团的日本老百姓被日本军方遗弃。所以，对于这些日本农民来说，可不是有组织的撤退，而是逃难。在撤离途中，年幼的他目睹了同行老弱妇孺的死亡。经历了弟弟妹妹的死亡与失散。目睹了妈妈的罹难。战争的创伤，深深地刻在一个十岁儿童的心上。

在沈阳难民所期间，饥饿无助又病入膏肓的王林起，带着一个幼小的弟弟，得到一位中国好心大叔的救助，才得以继续生存。可是，这位他连姓名也没记住的大叔，由于自己也无法维持生计，只好把林起和他身边尚存的唯一一个的弟弟骏，又送回难民所。兄弟两人再一次被好心的中国家庭分别领养。林起有幸，找到了一个对他如己出的好家庭，成为养父王殿臣家里的一员。而弟弟骏却因病死在另一个收养的家庭了。

成为中国家庭的一员后，林起才逐渐有了一个青少年应有的生活。这个家庭给了他以王家长子的待遇，供他读书。他也以这个中国家庭一员的身份，有了户籍，成为中国公民。为了分担家庭生活的担子，放弃继续求学考美术学校的愿望，高中没毕业就参加工作，最终成为北京重型电机厂的优秀技工。在工厂里，大家都知道老王是个出色的磨工，也是一位有些技艺的“工人画家”，却没有多少人知道他是有着日本血统的战争遗孤。

当1972年日本首相田中角荣访华，中日恢复邦交之后，人们才知道王林起是一位日本战争遗孤。他的“小日本”绰号才在这家几千人的大厂中传开。那时的王林起并不在意人家叫他的绰号，许多熟悉他的工友们问过他：中日双方有约定，日本战争遗孤可以申请回到日本去的。王林起回答：“父母去世时我还小，没有多少记忆和线索了。是中国父母把我养大成人的，我回不去了，也不会回去了。”因为这样的答复，使得这家大厂里，许多原本不认识王林起的人对他更有所关注。

一位遗孤的奇迹是在中日恢复邦交多年以后，林起想起了养父生前的唯一愿望是：他有机会到林起日本故乡看一看。而林起本人也产生了重温童年之梦的想法。当一批日本遗孤已经经双方政府合作联系回到日本之后，他也抱着试一试的想法和日本故乡联系。

奇迹就在这时发生了：

首先是历经两年，日本有关部门通知王林起，居然找到了他在山形县东置赐郡高畠町和田村出生和家庭成员的户籍档案，得知他的日本名字叫“渡部宏一”。还找到了他的姑母、姨母等健在的长辈及表兄弟表姐妹。由于符合日本政府关于战争遗孤返回日本的条件，他可以办理回到日本定居或回乡探望的手续。

接下来，在办理手续的过程中，他捡起日语教材，他七八岁时学过的，依稀还有印象的平假名、片假名又和他七十来年使用的汉字一起活跃了起来。五岁时家乡的环境、父母家族的亲人、童年往事，又渐渐回到他的记忆之中。

经过长时间的准备，他终于踏上了回家之路。踏上和田村的土地之时，他童年时的父母亲、他的弟弟妹妹、家乡的民俗甚至童年时唱过的歌谣，都回到了这个曾历经战争磨难的老人脑海中，印迹挥之不去，逝去的亲人似乎又在眼前……

当家乡的姨母和亲人呼唤他回日本定居的时候，在那个不少人都想方设法出国移民的时代，回到日本的渡部宏一却说："我有两个母亲，一个是日本的生母白石贞，她是白石家的三女；一个是中国的养母贾凤朝。两位母亲在我心目中的位置同等重要。生母在那场为世界人民所诅咒的法西斯发动的战争中遇难了，养母现在年事已高，我应当侍奉她老人家以报答养育之恩。所以，我还要回到中国去。我的中国名字叫王林起。"

现在，王林起说他有两个祖国，出生的祖国是日本，成长成就他的祖国是中国。两个祖国和两个母亲在他心目中是同等重要的。他退休后定居在北京，回过日本几次。由于他苦难的经历和不同于其他战争遗孤的"找回记忆"的特殊情况，许多日本媒体都报道过他。使得他回日本时有机会接触较高层的官员和日中友好人士。面对媒体和政要，他明确地表示自己的意愿：反对法西斯军国主义的侵略战争！加强中日人民的友好往来。他提出一份书面建议：日本政府不仅仅要抚恤日本战争遗孤，也应当慰问和感谢那些收养遗孤的中国养父母。

2011年6月1日，当时任大使的丹羽宇一郎先生在使馆官邸，亲手把日本政府向战后收养日本遗华孤儿的中国养父母的感谢信交到养母手中时，他看到养母高兴地笑了，王林起心中由衷地感到欣慰。现已年届八旬的王林起决心在有生之年为呼吁世界和平、反对法西斯侵略战争和中日人民友好尽自己微薄之力。

我的朋友王立缘兄建议林起把个人经历写下来，要求我协助他成书出版。我欣然同意，不仅是为了过去的老同事，而且是为了2015年的世界反法西斯纪念活动。现在，王林起的书稿已经完成，定名《我在中国的75年》一书已进入正式出版的程序了。我盼望这本书早日出版，为中国读者，也为日本读者，添一本亲历者实打实的资料。

陈援

2015年5月16日

上级及挚友但功溥赠诗

望故乡

赠宏一兄

大雪纷飞白茫茫，
小桥流水是故乡，
八月秋风扫落叶，
生离死别痛断肠。
再生父母恩似海，
滴水涌泉不能忘，
曲折人生曲折路，
才艺双绝从所望。
高山流水琴声远，
情义兄弟情义长，
再别故土泪如雨，
白发孤儿望故乡。

注：但功溥，曾任《国外机械》杂志主编、国家计委技术经济研究所副所长、研究员、教授、研究生指导老师。此诗是他作为作者的上级和挚友赠矛作者的。

写在前面

岁月如梭，到明年八月下旬，我将成为八十岁老人，虽然不敢妄称进入耄耋之群体，但毕竟度过了近八十年的人生路程。而在某种状态下或在一些场合里我是一个“另类”。这是因为我出生于日本国，有那里的户籍，又有日本名为渡部宏一。如今我在中国已经生存了七十余年，既有中国户籍，也有中国国籍，中文名为王林起。我有日本亲生父母和弟弟妹妹，也有胜过亲生的中国父母和弟弟妹妹们。从少年时代，我的思维、语言表达功能和生活状态都已经汉化了。我是否可以认为，已经融入到了中华民族大家庭了呢？从企业退休后，有些亲戚友人鼓励我把将近一生的经历用文字表述出来。我本人高中未毕业，又不善言词，对事物细节的观察和记忆能力太差，因此很久未敢动笔。现在为了感谢大家的关爱，试着写一篇回忆录般的作文吧。

王林起

2015年8月

前書き

歳月が過ぎるのは早いもので、来年の八月下旬に私は八十歳の老人となる。八十代の仲間入りをすることをことさら強調するつもりもないが、八十年近い人生の路を歩んできたことは確かである。そんな私の人生のありさま、そしてこれまでの経験は「特異」と言っていい。なぜなら、私は日本で生まれ、日本の戸籍を持ち、日本人の渡部宏一という名前を持つからだ。他方で私は、今に至るまでの70年余りを中国で生き、中国の戸籍と国籍を持ち、中国人として王林起という名前を持つ。私には日本人の、実の父母と弟妹がいたが、それに勝るとも劣らない中国人の父母と弟妹がいる。私の思考、ことばの表現能力、そして生活スタイルは、実は少年時代から既に「中国化」している。私は中華民族という大家族に既に溶け込んだと言えるのではなかろうか? 会社を退職した後、親戚や友人が、私の人生経験をぜひ文字にして残すべきだと励ましてくれた。私自身は高校も卒業しておらず、表現もつたなく、細かな事柄に対する観察力や記憶力も良いとは言えない。だからこれまで長く筆を執ることもなかった。しかし、皆さんの心遣いに感謝するためにも、ここに一編の回想録を書き記してみたいと思う。

一、故乡与童年

根据母亲的三妹，也就是我的梅乃姨母的记忆，加上我在日本的现存户籍资料，我是在1935年8月20日清晨出生于日本国山形县东置赐郡高畠町和田村的。山形县位于日本东北方向的西南部，西临日本海。是个北有鸟海山、东有奥羽山、南有朝日山的多山盆地。那里属于雪大的海洋性气候，山形县的冬季雪大是有名的。到了春夏秋三季，则是山清水秀，雨量充足的农耕佳境，是日本稻米和水果的主产地之一。对于中国人来说，日本山形县也许并不陌生，那是因为在中国一度热播过的电视剧《阿信》的缘故。《阿信》故事中女主人公的原型和拍摄外景地都在山形县。我的故乡高畠町在山形县东南角的米泽盆地东端，可遥望奥羽山脉的雪峰。县内最大的河流“最上河”的上游穿过高畠町境内。就是小“阿信”乘船去日本滨海城市酒田的河流。从当地发现的五六处古原始人遗址来看，一万年前的日本绳文时代就有原始人类居住在高畠町。因为当地好山好水，环境优美，适合人类生存，所以高畠町的人们都觉得是居住在梦幻般的仙境里。

山形县内最大河流“最上河”

我的出生地高畠町和田村，是一个东西长南北窄，东、南、北三面环山的小山村。山不算高，但是山上的土质比较厚，所以满山被以杉树为主、夹杂有红松和其他树种的森林所覆盖。太阳爷爷是上午七八点钟以后才懒洋洋地出现在山头上，因此当地有的人为一生未见过太阳从地平线上升起的景象而遗憾。我曾见过有人到中国来旅游，主要是想亲眼看到太阳从地平线升起时的壮观。故乡近处的山依春夏秋冬四季，显现白色、绿色、青色、紫色等不同的色彩，尤其是在夏秋季，雨后的白色云带悬浮在半山腰时，甚是好看。村北面有一条叫沙河的小河流通过，河的两岸长满了像是芦苇以及叶子形状各异的多种植物。除了在冬季，河水里还能见到带红色斑纹的小鱼和土绿色小河蟹。有时候能遇见成群野鸭子在游动，黑白相间的小鸟发出清脆的鸣叫，在河面上嬉戏。每当清晨和黄昏，常有比我还高的灰鹤光临，但它们非常机警，我还没来得及看清楚它们就展翅高飞了。这样一个自然生态环境保持得比较好的地方，因为洪水泛滥，沿岸的田地和渡桥都出现过被冲毁的情况，所以现在已经把河岸两边用钢筋水泥做了加固，又把我家故居房后的一片空地，开辟为有小亭子，有野炊设施，也有洗手间的休闲公园。在迷你型公园的青草坪里还引进一条小溪流，成为人们白天观景游玩，夜里支起小帐篷休憩的地方。我们家住在村子的北边，靠近河的南岸。记得我们家从河里引来的小溪流通过屋内厨房，是可以直接饮用的生活用水。溪流又流过房后的两个小池子，池子内养了小鱼和一只大乌龟，是孩子们玩儿水、捉鱼的地方。我家的房屋也是当时日本农村木结构草顶子的传统样式。主屋的右侧有座日语称为“仓”的储物间，房前房后都是自家稻田，有一片杉树和栗子、柿子等果木混成的小树林守候在稻田周围。住房的西边就是当地的和田小学校，我的父母亲都毕业于这所小学。我家姓渡部，因为祖父母都过世很早，所以我未能见到爷爷和奶奶，也没有看到过他们的照片。我父亲渡部延雄是家中独生子，上面有两位姐姐。他的学历为高中，算是村里受教育程度较高的。据说他年轻时当过职员，从事农业后尝试过栽培各种农作物，甚至养过猪。

我和父母与弟弟骏

我的姑母斋藤德（后排中），左二表兄斋藤六郎，左三表嫂斋藤贞子，左一表侄斋藤光雄

左为我的三姨母梅乃，右为表姐斋藤道子

母亲白石贞，与父亲是同村人。她在家里排行为三，上面有一兄一姐，下面是一个弟弟和四个妹妹。因为我外祖父比较开明，所以允许她与我父亲自由恋爱结婚，当时被村里的人们认为是出了格的新鲜事。我听几位姨母说，母亲是她们姊妹中长相最美、性格最温顺的一个。的确，我从未见她发过脾气或大声说过话，勤劳善良的母亲总是默默无闻地任凭命运的驱使。梅乃姨母说她上小学时经常路过我们家院子和稻田，看到过我母亲在西瓜地里干活，而我被放置在一个纸箱里等待。还说她在上学时得到过我母亲的很多照顾，又说母亲很同情别人，特别是对乞讨人特别大方。我也记得曾经有一个像和尚似的乞讨人来到家门口，但他戴了个大斗笠和面罩，没有看到脸，母亲给了他一碗米和一个铜钱。

故居房后小公园

在我幼时的记忆中，父亲时常不在家，所以母亲带着我总是在外祖父母家度过。外祖父家在村子南端，两家相隔只有一百多米，来往方便。他家人口多，老祖宅高大宽敞，大厅堂的中间有个炭火池，在寒冷的冬日，白天用它烧水煮饭，所以把房顶熏得一片漆黑。到了冬天的夜间，在火池上罩住瓷制的大罩子，一大家子人都围在火池四周席地而睡。家里养有一头黑白相间的奶牛，每天早晨由外祖父挤牛奶，用一个特大铝壶煮过后供家人享用。外祖父身材高大为人和善，做事有板有眼，把全家安排得井然有序。外祖母虽然人长得瘦小，可是脾气很大，家人中只有她的嗓门最高，我们孩子们都很怕她。有时候母亲被她叱责得带我逃回北边的家。在外祖父家有一个跟我同岁但比我小几个月的表弟叫真市，他生来比我高半头，是童年的好玩伴。还有个比我们大十一二岁的小舅舅，总是以大欺小，有时趁我们不注意，突然把把抓来的小蟹、小青蛙塞进我们脖子后面，特别是又凉又扎人的小螃蟹，从后脖子连滚带爬进到后腰里，吓得我们大哭大叫，他在一旁看着哈哈大笑。这时只有外祖母出来，大声骂他是个混账东西，他才跑到一边去。对我们来说他真是个凶神恶煞。家里还有年龄尚小还在上学的姨妈们，时常带我和真市到南边的山脚下游玩，在稻田边抓小蚂蚱，我们两个用小手怎么用劲抓，也抓不到几只蹦跳得很快的小东西，可姨妈们是用类似抓蜻蜓和蝴蝶的圆形网子样的工具，在接近收割时的稻田里去罩住蚂蚱，能抓住很多，拿回家交给大人们，把蚂蚱做成带酱甜味的小菜拌饭吃，是饭桌上的美味之一。那时候虽然家家户户都种稻了，可是与在《阿信》里演的一样，几乎每家都在吃萝卜饭，也常吃南瓜和芋头。在当地的秋季，有个举办“芋头会”风俗，就是在耕地里挖出个坑，架起特大的铁锅，煮芋头和牛肉，请来很多亲戚和邻居们聚餐一顿。这是我们在一年中很少有的吃肉机会。姨妈们放暑假时，从家里拿去木条和草绳之物，在小河边搭起尖顶的草棚，夜里就睡在里面。感觉那时的河面很宽，可是水比较浅，小姨妈们在水深处学游泳，我和真市赤脚在浅水里抓小鱼和小河蟹，没抓到几只小蟹，可把小和服湿透了多半截。记得有一天，我不小心接触到皂荚树的枝叶，手指上起了很多小疹子，很刺痒，是母亲在河里抓来几只小蟹，用棉纱布包起来敷在手上就好多了。我们玩儿渴了就直接用手捧起河里的水来喝，饿了就偷吃姨妈们从家里带来的饭团。到了夕阳下山时，姨妈们燃起篝火，支上小锅做酱汤。大家围坐在一起，边喧哗边吃晚餐。夜里有很多小萤火虫，在我们周围飞来飞去，有时姨妈们抓来放入纸糊的小灯笼里代替蜡烛，觉得很好玩。入睡前我们躺在大包袱皮铺盖的草垫上，听着潺潺流水声，闻着幽幽青草香，望着清楚得似乎就近在眼前数也数不清的大小星星，渐渐进入梦乡。

在秋收结束后的初冬时节，外祖父全家人晚饭后集中到储藏间，围坐在大火盆旁边煮边吃从山里捡拾来的野栗子，或者把自家制成的豆腐切成长三角形，插上签子抹好黄酱烤着吃，可能是以此补充营养的不足吧。也有时候全家人都要用稻草做纳豆，就是抓一小把稻草剪成一尺长短，把两头捆扎起来，再把煮熟透的黄豆裹到稻草里，最后把裹好的都集中到一起捆绑好，用厚棉被等物覆盖牢等待黄豆发酵。过一段时间，发酵后的豆子就形成能拉出长长的黏液丝的纳豆，用酱油搅拌好，与米饭一起吃。我们孩子们只在旁边看热闹，拣几个豆子吃一吃而已。有时候也在储藏间编草鞋，大人们先把稻草搓出小指头粗的长长草绳，然后在现成的木架子上码好四条草绳，手脚并用编成草鞋底，再上好草编的鞋带就做好了。我和真市也学着做成了不像样的草鞋放起来，待来年夏天穿上。有了劳动成果，大家都很开心。那个年代除了冬季，无论大人孩子脚上穿的都是草鞋或木屐，好像只有出远门的男人才有鞋穿。当时和田

村基本上跟上了时代发展的步伐，村里有几家卖食品和服装的小商店、小饭馆和小电影院，母亲曾带我去看过黑白片的《米老鼠和唐老鸭》，第一次母亲把我领进光线暗淡、看不清座位的电影院里，等坐下来，认为是由真人表演什么节目，结果是在没有舞台的白色墙壁上出现了会动来动去的怪影子。我听到身后有“哒哒哒”的声音并看到的亮光，才意识到这就是母亲告诉我的电影吧。电影中怪诞的动物形象和动作，看得我目瞪口呆。至今，当年看到的米老鼠和唐老鸭，还能在眼前晃来晃去。村里还组建了拥有一辆人力水泵消防车的消防队，有时能见到几个穿着别样服装的人把消防车推出来，人们用力压出粗长的水柱，做灭火练习。村里的人们也可以乘坐黄红色的小型公交车出远门。不过到了冬季，因为当地位于西伯利亚寒流与太平洋暖流的交汇处，所以降雪量很大，有的年头还会出现整个村庄被大雪覆盖的状况。一般情况下，房顶上积了厚雪之后，大人们用梯子爬上去把雪铲下来。如果遇上连续的雪天，雪层越积越厚，村子的房屋树木、庭院道路，被积雪塑成童话般的银色世界。为此，家家户户在入冬前都要用圆柱形杉木、板材等物做防护架，用来防止厚厚的雪堆压垮门窗。大雪封山的时候，这里的人们也要过上一段“冬眠”的日子。每当此时，与大人们相反，小孩子可盼来了好玩的机会，在长辈人帮助下，在庭院内掏出个雪屋，在屋内设置小火盆，向大人要来铁勺和黑糖，把黑糖化成黏稠糖稀来舔食。

我与表弟白石真市

故乡邻居妇女们在樱花树下

一年中的祭日，也就是除了元旦之外的女儿节、端午节，还有中秋节等，人们以各种形式举办节日庆典。在女儿节，为女孩儿摆设人偶展台，吃彩色年糕块；在端午节，为男孩子升起黑红色鲤鱼旗，穿新衣服吃粽子，还能得到零花钱，是孩子们最开心的时候。每年的三月三日，是日本的女儿节。因为正是桃花盛开时候，所以又叫桃花节。在这一天，有女孩儿的家庭摆上叫偶人的人形娃娃展台，在房间里装饰好，用彩纸剪出的桃花枝条，做出彩色的小方块年糕和白米酒，给女儿穿上鲜艳的和服过节日。希望女儿健康成长，将来嫁个好人家。摆放人形娃娃很有讲究，一般正规样式，是把色彩鲜艳的人形娃娃，放置在一米多高、有七个台阶的架子上。最上面的第一阶，放置天皇和皇后人形，第二阶是手执酒壶、酒杯的三个宫女，第三阶是五人乐队，第四阶是作为随从的老少大臣，第五阶摆上三名仆人，第六阶放上小型嫁妆、家具之物，第七阶是牛车、轿子等。但是，因为这些物件价格昂贵，有些人家只摆到五阶或三阶的，甚至有的只能摆放一阶。除了女儿节外，日本还有五月五日的男孩节，当天也是日本的端午节。所以到了这一天，有男孩（包括女孩）的家家户户在庭院里竖起杉木竿子，挂起用布面制成的七色彩旗和黑色、红色鲤鱼旗组成的鲤鱼旗组，观看鲤鱼旗迎风飘扬起来。同时在外门上摆挂菖蒲叶，在室内挂上钟馗驱鬼图，还要吃作为驱邪用的年糕或粽子。这种习俗起源于中国“鲤鱼跳龙门”的传说，在江户时代传入日本。大人们以鲤鱼逆水而上的顽强精神，激励男孩在生长过程中不畏艰险、勇往向前。

为五月五日男儿节悬挂鲤鱼旗

在三月三日女儿节，为女孩儿摆放“偶人”

高畠町手工艺品“一刀雕”，曾获得罗马教皇特别奖

等到兜里有了钱，我喜欢到外祖父家对门的面食店吃一碗筷子般粗的乌冬面。所谓“乌冬面”，是日本特色面食之一，由小麦粉制成5毫米粗的圆柱形面条。传统的吃法是把煮熟的面加入到牛肉酱油汤碗里，再点缀些蔬菜和小葱之类，吃起来又香又软，尤其适合儿童食用。我去的那家面食店很小，把铜板放入到一个比我还高的方形开口里，不一会儿，老板就递出盛在类似大茶杯里的热乎乎的乌冬面。我吃完面条，再去邻近的食品屋买“南京豆”，也就是炒好的小花生。若能在街上遇见推着小车，车上放置个圆形小木桶，桶里面是冰块儿和金属小套桶，小套桶里装上做冰淇淋的调料，由人工摇出冰淇淋。有这样的机会就太好

了。推车人用一把带刮条的活动勺子把冰淇淋盛在黄色、粉红色的小江米碗里出售，我是不会放过吃冰淇淋的机会的。还有，在街里也偶尔出现卖棉花糖的，商人像个魔术师似的，在一个旋转的铁桶里很快把少量砂糖滚出一大团蓬松的棉花糖。我一定要求母亲给我和表弟真市各买一个。童年的嗜好一直伴随到老，至今见到那些甜食仍旧有些走不动路。前两年在北京八大处庙会上，我与小孩们一样手举棉花糖边走边舔，成为了游人中回头率最高的老人。

回想起来，从记事起母亲到任何地方去都带着我。见我走路有些吃力就背上我，轻声唱起童谣《春天来了》：春天来了/春天来了/来到山里/来到田里/也来到原野里。花开了/花开了/开到山里/开到田里/也开到原野里。小鸟叫了/小鸟叫了/叫到山里/叫到田里/叫到原野里。

还有她喜欢唱的《红蜻蜓》：夕阳下的红蜻蜓/我伏在姐背上，那是何时/在山里梯田/竹篮里摘下紫色桑葚/那是梦幻景象。年方十五姐出嫁/她音讯全无/等待姐姐归来/夕阳下的红蜻蜓。

我是母亲的宠儿，母亲把我揽在怀里为我掏耳朵是我最温暖甜蜜的享受了。

除了在外祖父母家生活的时间最长之外，到了夏末初秋我们常去大姨母家住几日。她们家在东山脚下，有几处面积很大的以葡萄和洋梨为主的果园，我特别喜欢吃她们家的外形像葫芦、吃起来水分多、又甜又软的洋梨，在中国似乎称之为烟台梨。还有紫红色、有点甜酸的葡萄也不算太难吃。那时候的村庄里种植水果的人家很少，所以能吃到新鲜的果品也是很奢侈的事情。大姨妈的孩子多，他们的年龄与我相差无几，大家都身穿短袖和服，脚穿草鞋，我和他们在葡萄架下

捉迷藏，也玩儿叫做“风船”的彩色纸球，我们轮流用嘴把它吹上半空中，不让它落下来。大家又跑又跳，变成一群小土猴。我的大姨母镜宫，是我母亲同父异母的长姐，她为人和善、做事稳妥。我在40多年后再见她时已经是90高龄，但仍然在家里照看两个重孙子，还在高畠町担任类似民生委员的职务，寿至98岁。

在一个夏日，母亲带我乘火车到很远的海滨城市，住在了一处有钱人家。他们家与我们乡下的房子不同的是室内外都很整洁，推拉门上镶有明亮的玻璃窗，厕所在室内，浴池是木制长方形的，而我们乡下家里的门窗棱上，糊的是白色纸张，厕所在室外或另盖的小房里。浴池是用木板条拼成的椭圆形的大木桶。他们家的女主人带我们坐上有轨电车去海边，母亲领着我走在软软的沙滩上，我看着身后踩出的大小鞋印。很快，母亲在岩石缝隙里发现了一只红色的海蟹，她取下头上的卡子，蹲下来开始掏，可是怎么掏也没掏出来，令我很扫兴，只好让母亲买了很多染成各种彩色的大小贝壳。那是我第一次看见的蓝色大海，一眼望不到头的广阔海面上，点缀着大小船只。看到称之为“入道云”的云层像是从海里冒出来的大气泡，层层叠叠地升上天空。成群的白色大海鸥，呼叫着飞来飞去。耀眼的浪花像是一条条长长的白丝带从远处翻滚到海滩边，发出冲刷沙石的声响。还有近海里的两块如同相扑似的黑红色岩石，不知为什么，还用一根粗绳把它们连接起来。那一次的景象，深深地印在了我的记忆里。再有一回，长期在外工作的父亲归来，他带母亲和我坐上黑色小出租车到深山里的温泉旅馆，那是我初次体验洗温泉过程。进到住宿房间，父亲换上蓝白色的浴用和服，手拿了白毛巾。我也脱了衣服跟着父亲走到一间大堂，然后父亲脱下衣服赤身领我进到在水汽下雾蒙蒙的浴室里，见到赤身大小人影在晃动，还闻到一股怪怪的气味，心里有些害怕。父亲又拉我到有个小木盆和座位的地方，先用肥皂洗净了全身后进到很大的方形温泉浴池。我只是傻呆地站在感觉水温有些热的池子里。幸亏很快见着胸前覆盖了毛巾的母亲来到眼前，她是从另外一个入口进来的。等母亲也进了池子后，我紧张的状态才松弛下来，也才注意到人群里有长发的女人和女孩。多年后才了解到我们去的是男女混浴的温泉。那一天，我还喝到了淡黄色颗粒泡出的甜酸饮料，吃到了口感特别、肉质细腻、咀嚼起来有点筋道的飞鱼生鱼片。父亲说，飞鱼是能在海面上飞翔几十米的鱼，很名贵。那一天泡温泉的经历和所享用的饮食也留在了记忆里。后来在去日本探亲过程中，很想再品尝飞鱼生鱼片的味道，可是始终未能如愿，不知道是何种原因。

父母亲从我四五岁时就开始告诉我不能做骗人、说谎等让人讨厌的坏事，做了错事要道歉。他们给我买了很多带彩色插图的少儿读物，我有了自己的小书架，因为日语平假名的51个音符好认又好写，所以在学前我就读懂了《桃太郎》《阿里巴巴和四十个大盗》等故事，也能大体看明白专为孕妇所写的保健营养方面的书籍。可以说，在故乡我度过了无忧无虑平安幸福的童年。然而好景不长，某种不祥之云正在逐渐靠近我家的上空。

二、来到异国他乡

（一）成为伪满洲国的日本开拓团民

1940年的秋末，外祖父给我买来带围巾的彩色毛线帽子，说是戴上它去很远很冷的地方，我还非常高兴。没过几天，在外祖父家里我看见在外祖父母的帮忙和斥责下，我父母二人向两个大柳条行李箱和一个布袋子里装衣服和锅碗等杂物。舅舅和姨妈们站在一旁观看不说话，都表现出不太高兴的样子。作为孩子的我们不知家人要去何方，但是从眼前的气氛中感觉出将要去的目的地，可能不是什么好地方。在入冬之前我的父母把大的行李托运出去，然后领着我和弟弟骏、妹妹登美子全家五口人，恋恋不舍地告别了外祖父母一家人，乘火车去海滨城市新潟。火车上的乘客非常多，我们没有座位，只好在人行道上铺上包袱皮，挤成一团。到达目的地，走出类似大平房子的新潟火车站，我们住进一家简陋的旅店。在等待乘船期间，去过一次大的百货商店，在那里乘上了直上直下的名叫“电梯”的新鲜物，体验到在不走台阶的情况下能上下移动到上层或下层店堂，觉得很神奇。几天后我们从那里登上了感觉大得可怕的轮船。虽然甲板很宽阔，船上仍然人满为患，大家挤在船舷旁，手握细长彩带与欢送人群告别。我很费力地认出下面码头上小舅舅的面孔，他好像早就看到了我们，双方都不停用力挥手。随着汽笛的长鸣，我们一家人离开了温暖的乡土，驶向了未知的彼岸。船在海上行驶，一眼望不到头的船舱内到处是乱哄哄的人群。我们一家只能挤在不大的木箱样的地方。白天在甲板上，手扶栏杆看着一望无际的海天和跟在船旁的海鸥群。很久以后才听说，我们是在朝鲜半岛一个叫清津的地方登陆，从那里乘火车到达中国黑龙江省牡丹江市以北、林口市之前的龙爪火车站。一路上，从火车上的窗口看到的是与我家乡的山村大不相同的景色，这里大部分是初雪覆盖下的平坦土地，散落着低矮的土房，感觉很荒凉。沿路偶尔能见到骑着叫毛驴牲口的赶路人，也有几个身穿黑色旧棉衣，两手藏到袖子里的小孩子们。这种凄凉的景象也让我的身上觉得越来越冷。心想为什么父母亲带我们来到这样的地方。

来到龙爪火车站后，我们家住进当地日本国民小学校的临时宿舍，房间里有我没见过的，连有长长烟筒的铁炉子，说是取暖用的。我们孩子们感到很新鲜，也很喜欢。在那里，父亲还当了短时间的小学教员。之后，因父亲在林口市找到做职员的差事，一家人也搬迁到

那里。新家在离火车站不远的北山坡上，当地居民不多，街道很安静，时常听到老式蒸汽火车头发出的铃声。

后来，可能是父亲认为做农民更舒心些，所以全家人又搬进位于林口和龙爪车站之间、铁路线南边的日本移民小村子。那里是由四栋住房按南北排列成的村落，每栋房子从中间隔开，两边各住一户。村子里另有两个小房，备有公用取水井和小浴室。村子周围用木桩铁丝围住，所有房子的外墙壁上都画上了白色圆圈，大人们说，这是学了中国人家的样子，可以防止野狼入村。村子的西边是从山脚下延续下来的丘陵地，其大部分已被开垦为耕地，东面是夹在两个山冈之间的一大片湿地。我们家是最后入住的，所以被安置在最北端的空房里，房子的外观与日本农村样式不同，是铺上灰白色瓦片的房顶和土坯墙，屋顶还有个方形土烟筒。屋内是按日式样子隔成两个居室，中间是取暖用的夹壁墙，在东面墙上安有不大的窗户，不高的地面铺上了榻榻米。房内还有小过道、厨房和厕所。居住条件不算太差。

在这个村子里我初次见到二姨母静一家人，他们是先于我们几年来到当地的。姓金子的姨父是个不爱讲话的瘦高个子男人，静姨母看起来很年轻，但也是一位不善言辞的妇人。除了大人，他们家还有两个年龄比我和骏小的男孩儿，虽然我和他们是表兄弟关系，可是在一次放风筝时，为争夺风筝而打架，此后很少再玩在一起了。

过了一两年后，从大人口中才知道，我们家来到的地方叫“满洲国”，为了长期占领、统治此地，日本政府作为国策推行了一项庞大的移民计划，动员、诱骗大批本国农民到中国东北组建所谓“开拓团”。我们家进入到当地“日本村落”，自然就成为归属山形县开拓团的成员。多年后听梅乃姨母说，是我二姨母静与当地姓金子的男人结婚后去了满洲开拓团，并生有二子。此后的两三年，我父亲去她们家考察当地人们的生活状况，认为广阔大地自由开垦，很有事业前途。他回来后去茨城县接受过短期的培训，下决心带一家人去了满洲。

梅乃姨母认为根据我们家经济条件根本没必要去什么开拓团，父亲干了一件造成家破人亡的蠢事。当时的山形开拓团本部设在龙爪车站附近，约有百十户成员，分布于其东南方向的区域，设置了若干个村落，我们所在地属于北山形村。那里地处小兴安岭的南部边缘，除了小片平原外都是高低不平的丘陵地带。大部分能开垦的地方都成了耕地。我父母从一无所有开始，自己开垦了村落西边丘陵的一片荒地，添置了农具和牲畜。经过几年日夜劳作，具备了基本的生存条件。家里除了一匹马两头牛，马车、雪爬犁各一套之外，还养了少量绵羊、家兔、鸡、鹅、蜜蜂等。我们养的三只绵羊里的一头公羊很凶，一次我和骏牵出去放牧时，在吃草当中突然抬起头，向我冲过来，用它的大弯角顶我个大跟头，然后骄傲地回到原地继续吃草。我也很喜欢家里养的七只大鹅，虽然有时也凶巴巴地用喙啄人，可是下的蛋又白又大，我们把吃不完的蛋分给各家。这样招人喜爱的大家禽，在一天下午全部被人毒死，我和母亲想不出原因，只得选了村外的草地将它们埋葬，心里难过了很长时间。我们家只养了一箱蜜蜂，即便如此，父亲也置办了用手工甩蜂蜜的设备和防蜂面罩等，从春季到夏末，每相隔一段时间，我们兄妹们站在远处，观看父亲戴上面罩，用手摇动安装在金属圆桶上的摇把，把积在两片蜂巢上的蜂蜜甩到桶里，觉得那是一场最甜蜜的演出。因为当地的冬季漫长，为防止

蜜蜂被冻伤或饿死，需要在冬天给蜜蜂加一两次白糖，还要采取保暖措施，把蜂箱置于储物间，盖上厚棉垫。北山形村各家的主要农作物是小麦、玉米、高粱和大豆，也有各种蔬菜瓜果，做到自给有余。父亲还做了个小暖房培育菜苗。他还试验栽种了十几棵苹果树。我们家可能是在当地种植农作物品种是最多的。我和弟弟骏也帮助家里干些力所能及的小活儿。比如去割草喂牲口，采集草菇、木耳等，因为在春夏季的草丛里和铁丝网的木桩上，每下一场雨就生长出采不完的紫色草菇和黑木耳。我们把吃不完的蘑菇和木耳晒干，积攒了近一大麻袋。每年的秋收时节大人们忙得吃不上饭，我与骏也去挖土豆、捡拾干豆秧、高粱穗，一直干到夜里。但我们俩也偶尔演出恶作剧，“视察”西瓜地，把发现的最大西瓜用叶子盖住，不让大人看到，等待瓜熟后偷偷吃掉。夏日的一天，我们哥儿俩趁大人不在家，把剩在大酒瓶里的少半瓶蜂蜜加满水，用小绳系好沉入终年挂有冰环的水井里，近两升的冰镇蜂蜜水把肚子喝成青蛙模样，可是还没喝坏小身体。

开拓团内仅有不大的一处水稻田，产出的稻米除去“交军粮”之外所剩无几，因此我们主食中的米饭比例极少，多数为麦子、高粱为主的杂粮。而土豆也成为主食之一，因此有了煮、蒸、烤等吃法。在农忙饥饿的时候，我和骏在地里生吃刚挖出的土豆。母亲发明了用木搓板在水桶里搓去紫色土豆皮的办法，效率很高，她还以土豆馅做成的甜盒子，在饮食比赛中得了奖。可是在多年以后，在我个人食谱里的土豆，被长期除了名。

在当地生活期间的一个夏天，家里来了两位女大学生，说是到农家体验生活的。她们俩与我和骏挤住在一起，白天她们分别到各家去参加地里劳动或帮助做家务，晚间她们在笔记本上写东西。我母亲特意为她们从邻居家要来牛奶，可是其中比较瘦一点的，竟然不喝。就是这位女大学生，与我们在逃难过程中的长春火车前偶然相遇，她客气地与我母亲打过招呼就匆忙地消失在人流中了。还有一次秋季，村子里来了五个骑马背枪的士兵。他们下马把村里大人们召集起来，像是在问什么事情。他们走后，母亲悄悄告诉我，他们在寻找一个逃跑的士兵。

我们所在的北山形村东边，是大面积的湿地，积水里长满了高低粗细的各种植物，密密麻麻非常茂盛，很难发现隐蔽在内的水面，因而既不能游泳，也不敢蹚水。如果从稍远处望去像是植被茂盛的草地。湿地里最多的生物是泥鳅，我未见过其他鱼类。在水面未结冰之前，我和骏常用扁平竹篮从湿地里捞泥鳅，每次毫不费力地捞到很多，大的泥鳅上到家里的餐桌，小个儿的就喂鸡和鹅。每年的入冬之前，不知是出于自燃或人为纵火，远处燃起的山火会引燃湿地干枯的杂草。犹如凶猛的火浪由远至近，火势之大非常恐怖。若发生在夜晚，能染红半边天。大人们早早地用镰刀把村东的干草割净来防止大火烧到村庄。大火过后，湿地成为黑色地毯般的泥炭地。待冬天结冰后，湿地成为天然滑冰场，是我和骏消耗体力的好去处。从村子向南走出不太远的丘陵尽头就是山地，山不高，但树木茂密。在春夏季，林子里长出多种蘑菇和粗大的蕨菜，妇女们结伴去山里采野味。而到了冬季大雪封山时，男人们驾爬犁到山里去伐木，准备一年的烧火用柴。

中国东北，尤其是黑龙江的冬季严寒且漫长。我们所在的丘陵地

带，好像是在有规律的强大寒流袭击下，天寒地冻，滴水成冰。虽然住房内的中间隔断是取暖用的夹壁墙，并不断烧火供暖，但是因为房顶和四周墙壁单薄，所以整个冬天的窗玻璃和内墙都结成了很厚的冰霜，夜里睡眠需要戴上棉帽子。当时没有供电条件，人们都是用煤油灯照明。人和牲畜都处于半冬眠的状态，无所作为。我和骏不顾零下30多度的寒冷，有空就在荒凉的湿地里用自制的小爬犁滑冰，也在隆起的硬雪坡上滑雪，忘乎所以，疯玩不归家。

（二）在“日本国民小学”上学

1942年4月，已经七岁的我开始上学，成为开拓团“日本国民小学”一年级小学生。六年制的小学校位于龙爪车站东南的山冈上，大约有近一百名学生，每两个年级同在一间教室里上课。校内有宽大操场，四周有单杠等体育设施，还有一栋兼作大会场的体育馆。我到班里不久就被老师指定为班里的班长，虽然时常在班里或学校大会上发言，可是到老也没有把吐字不太清楚、说话不利索的毛病纠正过来。我去上学，从家到学校要过三座土岗子和小河沟，这是一条几乎无人走动的小路，往返需用一个多小时，若赶上夏天雨季，汹涌的洪水冲宽了河道，也把耕地冲出很多水沟，上学的孩子们就需要家人接送。因为当地时常有孤狼出没，所以无论是夏秋，穿梭于青纱帐内，或者行走于冬季的雪路上都很危险。有一年夏初，村里的大人们正在收割麦子时，还从麦田里忽然窜出过一只野狼。在入冬之后的夜里，有时可听到远方传来的野狼嗥叫声。因此我每天去学校都拿着小木棍壮胆儿，还怕别人笑话，感觉到了安全之处，才把木棍藏到草丛里。后来弟弟骏也开始上学，我就有了些安全感。在春夏秋天上学的路上，我们可以采食大个野榛子和无名的黑色甜酸浆果。也和同学们一起，用大头针弯成的鱼钩钓鱼。但是钓上来的鱼，让它在我们手挖的池子里游一会儿之后就放回河里了。在雪大的冬天，偶尔能看见在路边的雪地里停息的大雁群，它们比我们家养的鹅大多了。也许觉得我们俩不会威胁到它们的安全，所以都静静地窝在那里不起飞。每天放学后，在回家的半路上，与高年级的同学一起，用硬壳书包当雪爬子，从高高的山冈上滑到河边的平地上。滑下来只要一分钟，可是爬上去就需要七八分钟，玩得汗流浃背。这一切犹如昨日所为，历历在目。我也得庆幸没有成为狼爷的盘中餐。

学校在正常教学之外还组织一些课外活动。作为教学内容，到北边的河里去学游泳或者去草甸里抓蝴蝶、蜻蜓等昆虫做标本。有一年夏天全校师生到南部山区野游，走进生长着红松和多种杂树的原始森林，脚踏潮湿的草地，听着野鸡和其他鸟类的鸣叫，还可以采集到可食蘑菇，野梨、野葡萄和不知名的小野果，师生都很兴奋，一路唱歌欢笑。因为森林中光线暗淡，没注意到中途会遇上大雨，全体都被淋成落汤鸡，大家拖着又凉又湿的身体跑回学校。出人意料的是留校人员已经煮好红小豆汤在等待。我们喝上了又甜又热的红豆汤，看着窗外的七色彩虹，又是一次难得的体验印在了记忆里。有一天班里要排节目去慰问林口附近的部队伤病员，班主任老师编出老鼠与猫的独幕剧。其内容是：老鼠总是受到猫的伤害，老鼠们为了防止猫的突袭，

绞尽脑汁，想出用障碍物挡住猫的行进线路，或是在猫行走的路上挖出陷阱等各种计策，最后决定在猫的脖子上系个大铃铛，这样就可以随时听出猫所在的位置。正当鼠王召集开会，任命一只老鼠去执行任务之际，突然传来猫的大叫声，群鼠听罢四散逃命，幕落结束。我被选为演剧中鼠王，人们说演得还可以。

可能是年纪尚小的原因，我对当时学校校长、老师们的形象和姓名没有什么印象了，仅对一位姓高桥的男老师还有些记忆，这是因为在一次课堂上他讲起日美太平洋战争时曾说："应当用镰刀把美国兵的大鼻子割下来！"说着还做了个挥动镰刀的动作。以后听说他在逃难过程中，把夫人丢失在了路上，战后夫人嫁给了中国人。他回国后想再婚，但是未与前妻办离婚手续，因而不能再婚。所以中日邦交恢复之后，他特意来中国，取得离婚证明后才得以成婚。我在这个学校上到四年级初，弟弟骏也读到二年级，妹妹登美子刚入学三个多月，形势发生了突变，我们都被迫停止了学业。

（三）接触中国农民

开拓团与当地村落隔开了一定距离，相互之间没有多少来往。可能只有我们家和邻居新野家是个例外，农忙时他们家雇了中国年轻夫妻，我们家雇了一个中年男子。我不记得新野家的具体情况，我家的雇工是头型稍长的中年男人，身体强壮，住在不算太远的铁路北边屯子里，他朝至夕归，一般自带午饭。但偶尔也和我们家人一起吃午饭。因为语言不通，相互之间如同聋哑人的交往。父母亲待他很关照，时常送给他一些粮食和毛巾肥皂等生活用品。当然这些都是避开别人家耳目进行的。有一次他送给我和骏每人一双布鞋，父母亲和我们都很惊讶，因为从没有见过中国人穿的新鞋样子。那布鞋是黑色布面白色布底的圆口鞋，母亲仔细看了后赞叹说："做得真精致，鞋帮和鞋底缝纳了多少针哪。"我和骏试穿了一下，都感觉不大不小正合适。可见那位细心的雇工，早就观察好了我们哥俩脚丫子的大小了。我们一家人含笑向他致谢，他也高兴地笑了。第二天上学前父亲命我和骏穿着新鞋去上学，我们不敢不听话，可是偷偷拿了平日穿的鞋，在学校附近把中国新鞋换下并藏起来，免得同学们见了说三道四。

有一年春天，父亲和我接受雇工的邀请到他所住屯子里参加婚礼。那一天我们驾牛车到他所住的屯子，看上去这个屯子不小，土墙草顶的房子显得破旧，房顶有坡度小尖形的，也有接近平顶的半圆形的。每家有用旧木板条或玉米秸秆做成的栅栏，围出一片小院子，院子里有几只鸡在觅食。我注意到多数房屋的顶子比较薄，可是墙壁特别的厚，门窗都安有玻璃，进门看见朝阳的一面叫"炕"的土台子。屋子里外都有贴有红色标识物，当年还真不知道那是大喜字。我和父亲被请进有个大土台的房间里，让我与几个年龄与我差不多的孩子坐在四方炕桌周围，父亲是与男人们坐在另一张桌旁。那是我生平第一次见到的中国人婚礼，所以有比较深刻的记忆。那一天主客人甚多，大红色渲染下的婚礼场面，吃到以玉米碴饭为主食和盛在大碗大碟子里的多种不知名的菜肴，觉得很稀罕又好吃。那位雇工坐在父亲旁边不断给父亲搛菜、劝酒，还向别的客人介绍着什么。父亲按日本礼节向结婚新人赠送了礼金。我在那里认识了在一起吃过饭的，一个比我年岁大，另一个比我小的两个男孩。之后我和他们成为好朋友，时常在河边或湿地玩耍。有时还交换点小礼物，他们送给我抓来的鲶鱼、小鸟，我回赠小兔子、铅笔、橡皮之类。尽管在那个战争年代，是“侵略者”和“被侵略者”两个国家孩子间的交往，在语言不通的状况下，我能与他们之间以诚相待，感到由衷的欣慰。我真想再回到当年记忆中的“屯子”，大声呼唤：“喂！你们还记得当年的日本小男孩吗！”有一次，父亲和我跟随雇工去林口南边的农产品市场赶集，也是初次进入大人小孩挤在一起、熙熙攘攘声音嘈杂的大集市，那里以买卖蔬菜、鸡蛋、鱼等各种食物为主，还有牲畜交易等。我们只是买回来在婚礼上吃过的青色蒜苗和两条大鲶鱼，此后蒜苗成了我家饭桌上的一道菜。

有一年的二月初，本来农闲无事，可是雇工冒着风寒抱来一件东西，打开一看，在厚厚的棉包裹里有一个大粗碗，盛着像是白色鸡蛋大小的面食，还冒出点热气，全家人围观也猜不出是什么。雇工示意让母亲品尝，并说出“饺子”二字，原来是用小麦粉把白菜和猪肉馅包起来的一种面食。很久以后才知道，那是中国北方的春节必备的食物。在此后的漫长岁月里，每当我吃到白菜猪肉馅饺子的特有味道、穿上圆口布鞋，就联想起那位雇工的暖暖情意。

三、厄运降临

（一）风云突变

1945年春天，我和弟弟骏闯了一个大祸。有一天下午父母出门办事不在家，西北风呼啸着，在这样恶劣的天气里，我和骏竟鬼使神差地在储物仓旁边的麦秸堆里玩起火来，直至今日也记不清我们俩是谁用火柴点燃了火，眼见一股火焰瞬间从脚下的麦秸里蹿出，我们俩见状吓得不知所措，竟然没有想法把火扑灭。火借风势越烧越旺，点燃了木材搭成的储物仓，酿成一场大火灾。村里的大人们见状集合起来，从水井里提水奋力救火，不仅把水泼向冒着滚滚浓烟的火焰上，还把附近的房顶墙壁上都浇上了水，以防止火势的蔓延。虽然最终扑灭了大火，但是我们家储存的粮食、干货都烧成了黑炭，储物仓仅剩下几根半截的黑炭柱子。傍晚父母回来看到这惊人惨状，只问了缘由，仔细察看了现场就进屋了。我和骏久久跪在父亲面前等待严厉惩罚，可是既没有挨打也没有挨骂，只听到："你们以后注意，小心！"就结束了，然后父母亲到各家去道歉、致谢。似乎就是这场不应该发生的火灾向我预示着将有更大的灾难会来临。很不幸，时隔不久我的预感就应验了。

二战即将结束之前，日本军方为了妄图挽回败局，决定再扩充军力，也在开拓团内部搞起所谓现地招募活动。在我们小村子里有两名男人被征入伍，其中就有我父亲。他被招去后仅来过一封信，从此失去了音讯。很多年后，听说他被苏军俘虏后在苏联某地病死。我多次询问日本官方有关部门，但至今未得到准确的消息。在我幼年时的印象里，父亲是个言词不多而守规矩的人。他虽然选择了农业，但体格一般，在地里劳作时经常吃强胃散之类的药物。他喜欢交际也喜欢饮酒，尤其在农闲时，常常酒友满座，不醉不散。他发觉自己酒后失言，次日便去登门道歉。父亲与一般男人一样，虽然表面上不轻易流露，可是能让我感觉到他还是很疼爱自己的孩子们的。我只记得两三岁时因为得病不吃药而挨打过一次，此后再也没受过体罚，即便是那一次因为我的原因引发的大火灾时，仅仅说了句"以后注意。"我在上二年级的时候，学校开运动会，不小心摔坏了膝盖，流血很多不能走路，是父亲跨越高岗，又蹚水一直把我背回了家。现在，当年受伤的疤痕已经下移到膝盖骨和踝骨正中间，这个明显的痕迹成为了怀念父亲之恩的标识物。

对于远离故土尚未在异国他乡站稳脚跟的家庭，若失去了作为家中顶梁柱的男人，必然给以后的生存状态带来极大的困难。母亲强忍心中的悲怆，一改往日温顺踏实状态，变得干活儿麻利、说话干脆。当时来到开拓团后出生的秀策已经四岁了。母亲照管安排好家中四个孩子生活起居，时常身背秀策，在雇工和邻居们的帮助下，完成了春播，还做好了重建储物仓的准备。在春季少雨时，在距离村落不远的南边，北山形村与较近的几个村落联合起来搭建起一栋简陋的神社，说是在一些祭祀活动中会派上用途。之后不知从何处运来了很多长约四五米的红松木材，存放在村子附近。母亲说那是不久要把电引到村子里来而做的准备。

时间过得很快，在我上学过程中进入了夏季。到了8月初的一天夜里，我们一家人被一阵震耳欲聋的爆炸声惊醒，但不知是发生了什么事情。清晨我带领弟弟骏和妹妹登美子照常去上学，在离学校不远的下坡路上发现了几个又大又深的大坑。到了学校听老师说昨夜林口市遭到苏联飞机的空袭。下午回家一看，各家房顶上覆盖上了绿色树枝树叶，说是为防空采取的措施。此事发生后的第三天后半夜，邻居新野叔叔叫起我们说：“黎明要开始逃难了，赶快做准备。”在做梦都未想到的变故面前，我们不知如何是好地慌作一团。开拓团内既无报纸也无收音机，所有音讯都靠人力传递，一般在很晚时才能了解外面的消息。平日里我们在开拓团内所听到的都是“战况好新闻”，什么“军队取得了大胜利”，“占领了某某岛屿”之类。所以在人们心目中日本帝国军队是不可战胜的，因此对眼前“要求逃难”之事，人们不认同，不相信日本会战败。据说，根据《波茨坦公告》等协定，8月

9日苏联军队进入中国东北，日军很快败退，8月15日日本天皇宣布无条件投降，第二次世界大战结束了。

上述确实消息是我们被收容在难民所的9月中旬才有所耳闻。被军方无情遗弃的开拓团一夜之间变为丧失家园的可怜难民，8月11日受命开始逃难。因为我们北山形村离林口火车站最近，大部分人家都到此来集合，准备乘火车南逃，可是得到的消息是已经没有了南下的列车。无奈各家用自己的车马带足路上所需生活用品开始南逃。母亲从听说要逃难的慌乱中镇静下来，首先命我把放在柜中的各种证件、通讯录及重要纪念品用包袱皮包好背在身上，她转身去套好牛车，把被褥、粮食和其他应当拿的东西装上车，带领四个孩子，遗弃了其余牲畜、家产，离开了寄托了一生梦想的家，含泪加入逃难的行列。

（二）逃难途中

天还未亮，二百多人的逃难群体向龙爪车站方向出发了。路过那里时，眼见开拓团办事处建筑物和粮食加工厂被人放火燃烧起来。车队缓慢地向前移动，有人不时地向后张望，唯恐苏军追赶上来。傍晚时分来到很大的湿地边缘，在我们不谙世事的孩子看来，各家像是来野游似的，在草地里摆上干净的铺垫，点燃篝火煮饭，度过了最后一个踏实的夜晚。次日有人传言苏军坦克要赶上来了，所以为了安全决定逃入森林。在进入林区之前，因为林中无路不得不丢弃所带车辆和较重的东西，这可乐坏了一直尾随我们捡拾弃物的一伙朝鲜人。

母亲背上秀策，手牵驮着行李的马牛跟随徒步的人群走进树林中，不久就进入了真正的原始森林。直径近一米的高大松树生长密集，抬头仰望，树枝和针叶形成的密网挡住了阳光，使林中光线暗淡，犹如接近了黄昏时分。脚下厚厚的枯叶堆积物很像软软的海绵垫。有时还能遇到林中草甸子，翠绿的草丛里流淌着清澈小溪流。觉得我们这些因战败而逃难的人群不应当踏入这样美丽的自然界。行进中不时传来零星枪炮声，也流传着各种谣言，人们被笼罩在不安恐惧的气氛里。有的大人说，他们为了寻找食物闯进了俄国人的住宅，见到好几具被日本兵杀害的尸体。

疲惫的人群盲目地在林中游荡几日，来到一条大河面前，据说是牡丹江。河上还保存有未被炸毁的桥梁，宽约一米多，长度足有百十米。传言此桥有被炸断的可能，所以决定快速过桥。由于人们慌乱、桥面又窄，发生了两起连人带牲口落进河里被冲走之事。因为无法救助，只能眼见他们消失在河水里。在湍急的水流里不时漂过粗长的原木和膨胀了的大小尸体，让我胆战心惊。再往前走了一会儿，又遇到一条河流阻挡了去路，河面很宽，河水又深又急。这里没有桥，只发现一条绑在两岸树根上的细铁链子。大人们扛行李、托举孩子、牵牲口，往返好几次，全身湿透，总算过了河。母亲是背着秀策，一手抓住铁链，另一手拉着我开始过河，在河的中心处，水深已超过我的肩部，身子悬空，感觉要被水淹没，母亲拼命拽住我打滑的手腕，扛住了被急流冲走的险境，冷汗和河水混在了一起，我与死神擦肩而过。逃难人群中虽然个别男人持有武器，但人们还是希望能遇上日本军队而受到保护，但有传闻说，开拓团的居民有的被日本兵集体枪杀或被

逼迫自杀的，所以又不情愿被他们发现。

由于食物减少，处境险恶，出现了病死、饿死之人。我们同村丹野家的女婴小幸子，就在一天下午饿死在她母亲怀里，瘦弱的丹野婶婶哭得死去活来。人们把婴儿草草埋葬，并放上很多野花，说是以后再来看她。没有人带路的逃难人群像无头苍蝇继续东碰西撞，不时见到日军遗弃的炮弹、车辆，闻到尸体散发出的恶臭。饥饿和病体拖累着人们行动，有的落到队列后面而走失，求救的呼声此起彼伏。带来的食物都分食干净，人们寻找林中的蘑菇、野葡萄等可食植物充饥，最后不得不杀食宝贵的马牛。此时，有人用牲口驮来的中式大铁锅排上了用场，可是煮出的肉块半生不熟又无咸味，孩子们嚼不动，只能瞪眼看着肉块挨饿。我们家先交出的是一匹不易驾驭的马和家里两头黄牛中的一头，剩下的一头牛体形匀称、毛色光亮、力大耐劳，出力时能主动与人配合。尤其它那双大又亮的眼睛，注视你时似乎在思考着什么。想起以前我喂牲畜时，精饲料优先给它吃，我得到的甜点也跑去喂它一口。有时牵它到草地放牧，拍拍它的后背就伏下，我躺在它的肚子上，听着反刍声能睡着。我没骑过马，而这头牛才是我的坐骑。它是我最喜爱的大宠物。牛也有饿得不耐烦时，有两次父亲驾车去送物，竟然贪杯不归时，牛自己拉车逃回家里。可是在逃难中，这样的好牛也要被宰杀吃掉。那日临刑时，它已经意识到将要发生之事，拼命挣扎哀号，几个大人勉强拉到屠宰地。

我离开人群，任凭眼泪流淌不止。一直视为家中成员的可怜黄牛，为我终生留下那了一双不能忘怀的眼神。到了8月下旬，无吃无助的逃难人群，已经到了走投无路、集体饿死的边缘。可是，在假若成为苏军的俘虏，“男人被去势，女人要做慰安妇”等传闻的精神压力下，更是让人变得惶恐不安。在生死存亡时刻，大人们经过协商，决定不论生死，走出山里去碰运气。

之后的两三天，在牡丹江市附近遇到一队中国民间武装人员。我们这些半死不活的人群惊恐不安地走到他们面前。经过他们仔细检查，确认我们是非武装的难民之后，被转交给好像专门处理日本难民的收容所。近一个月的逃难，除了丹野家的小幸子外，我们北山形村的22人，大人孩子都还安然无恙，这多亏了年青邻居新野叔叔的热心和大家的相互照顾，其中得到帮助最多的是一个妇女带领四个孩子的我们家。根据新野太重先生回国后所写《追忆》中所提到的夹皮沟、横道河子等地名，当年我们逃难时所走之路很像是著名小说《林海雪原》里描写的地理位置。

我们来到的难民所，管理人员都是苏联人，除了武装士兵，还有一些高大的中年女医务人员。他们首先没收了人们持有的像怀表等贵重物品和菜刀之类危险用具，然后向我们身上喷洒消毒液消毒。有个老人吓得赤身裸体跑来跑去，像一只被脱了毛的公鸡。吃完所提供的简单食物，我们被安置在一座破旧的仓库里。从山林移出后的很短时间，我们的命运有了意料之外的改变，在战胜者面前，我们这些战败国的民众没有被打骂，也没受到明显的歧视和侮辱，而最令人感激不尽的是有了食物，获得了生存的希望。从此我们就成为了名副其实的“日本难民”。我们在牡丹江附近的难民所住了将近半个月，除了山形县的难民之外，还有其他县的成员，人数越来越多。最初提供的食物勉强够吃，后来逐渐减少，人们不得不想办法找吃的东西。难民们

是被圈在简易围栏里，白天围栏外来了很多“中国”小贩，很热闹，带有现金的人可以买到食品或急需之物。有的无钱男人夜间出去，到近处的庄稼地去偷玉米或土豆，但是只要被发现，就会在苏军士兵发射的子弹下毙命。我母亲为了买食物花光所有藏在身上的存钱，最后不得不用仅剩下的一床棉被，换了两个玉米面贴饼子给孩子们充饥。

后来，离开那家难民所，管理人员让我们乘上运货列车到了哈尔滨市，几天后又被转移到新京，即后来的长春市，住进像是繁华街道旁的一所小学校里。校外过往行人很多，我们孩子们到街里闲逛。一天下午发现妹妹登美子突然不见了，不知是走失了还是被人拐走。母亲和我、静姨妈夫妇连续找了几天无结果，可怜的登美子就这样消失了。祸不单行，几日后发生了令我们一家人无法想象的一件事：清晨睁眼发现，住所里除了我们家几个人之外，已经变得空空荡荡无声无息，不知朝夕相处的乡亲们去了哪里。像我们家这样只有单亲支撑，在没有生存保障下度日的家庭，再失去温暖群体的庇护和帮助，其命运可想而知。也许在逃难人群里，唯有我们一家是一个妇女领着四个孩子的，所以被当成了集体行动的累赘，不得不被甩掉。在人们面临生死存亡之际时，可能某些人必须做出牺牲，我们这个无辜之家因为可恶的侵略战争成为“牺牲者”。这在我幼年的心灵里投下巨大阴影。

11月初，求助无门的母亲带领三个孩子混入南下的难民群，又乘载货列车来到原奉天市即沈阳。在途经四平车站时，我坐在运货车厢入口处，列车刚启动，一个苏军士兵忽然出现在面前，不由分说夺走我一直背在身上的包袱。包袱里东西给了别人一文不值，可是对我们一家来说是与命运相关的证件。我想下车让士兵打开包袱看一看，无奈在列车已经启动的情况下，不能去冒与母亲失散的危险，只得放弃。母亲得知后，看着我只是默默流泪。我的粗心大意对家庭造成的罪恶感，多年来一直不能从心中抹去。

（三）在沈阳难民所

在初冬的寒气袭人之时，我们与陌生难民一起进入到沈阳南站附近的难民所。这里原来是一座二楼层的日本小学校，我们家被安置在体育馆内一处角落。在没有取暖设备，脏乱潮湿的馆内，为数不多的难民分成几堆蜷缩在一起。面黄肌瘦的大人孩子因为多日没有洗漱理发，脸上有大小斑痕，头发像蓬乱的细枯草，很多人穿上了好几层夏日服装。身无分文又无棉服和被褥的人们，以稻草袋、麻袋片做铺盖或披在身上来御寒。这里的待遇很差，偶尔才提供点稀粥，也没有医疗服务。难民在寒冷、饥饿、疾病中呻吟，挣扎着活命。还有无处不在的虱子，在铺盖上、人身上爬来爬去，无法无天。几乎每日都有死人被抬出门外。在这样地狱的般处境里，母亲仍然支撑着病弱的身子外出，或是上午或是下午，到日本人住宅区讨要点食物，分给孩子们，而她只是象征性地尝尝而已。有一天，她拿回来一碗用酱油拌好的小生肉块，可是没办法煮熟它，又不能扔掉，只好生吃，小秀策放进嘴里就吐出来，我和骏吃了多一半就吃不下去，剩下的让给了母亲。我因为拉痢疾，近乎皮包骨浑身无力。一天半夜，一个苏联士兵

来骚扰母亲，我见状大喊一声，秀策也大哭起来，那个士兵竟然用手持刺刀刺向母亲腹部后才离去。几天后的下午，一直处于昏迷状态的母亲忽然睁开眼睛，嘴唇在动，似乎要说什么，我立刻伸过头去听，勉强听到："宏一，你……——"母亲就停止了呼吸。母亲一向秀气的面孔，脸色蜡黄，颧骨突出，眼眶塌下，爬满虱子的黑发犹如染上白霜，她的身下渗出一片近似黑色的血迹，惨不忍睹。我觉得瞬间进入了无意识状态，竟然想哭都没有哭出来，在蒙眬的视线里见到骏睁大眼睛在盯着我，似乎在问怎么办；秀策还依偎在母亲身旁，浑然不知发生了什么事情。待有人来把母亲抬出门外时，他才双手抓挠着大哭起来。

自从开始逃难以来，母亲为了我和两个弟弟一个妹妹四个孩子，费尽心血，带领孩子赶往她心目中的安全地带。在长春失去登美子之后，更是时刻背着秀策，不准我和骏随便走动，还不时安慰我，说我们一家人肯定能回到日本老家，等待父亲归来重新开始新生活。为了实现这一梦想，她把能换的东西全都换成给孩子吃的食物，把自己的衣服给我们披在身上，从外面讨要来的食品几乎全分给孩子们，自己在受冻挨饿。可是痛苦的精神压力以及无情的疾病和刀伤，永远地夺去了母亲仅仅30岁的年轻生命。被饥饿和痢疾折磨得自身难保的我，未能跟去埋葬地，至今也不知母亲的亡灵漂泊在何方。母亲是我生命的支柱和保护神，失去母亲就是我的末日来临。我一度产生跟随母亲而去的强烈愿望，可是看着身旁还有两个需要照管弟弟时，抑制住了自绝求死的念头。

接下来，当我还在沉溺于失去母亲的悲痛之际，在每日认领难民孩子的人群里，一个穿着灰绿色制服，很像是朝鲜人的中年男子，趁我没注意，突然双手抓起了小弟弟秀策。见状我使出全身力气站起来呼喊求助，但无人理睬。我想追赶却跑不动，让骏去追也没追上，眼看秀策哭叫着远去。多年之后见到“秀”字，我就想起幼小的秀策，可是手中没有他的照片，记忆中的形象越来越模糊。我对不起他，对不起父母亲。我对不起没有保护好的秀策，我更诅咒这场给人类尤其是给无辜平民百姓带来苦难的侵略战争，诅咒发起侵略战争的战犯们！我做梦都盼着有朝一日会奇迹般地找到秀策弟弟，坚信他还生活在离我不算太远的东北方向某地。

四、获得重生

（一）救命恩人

一个完整的六口之家只剩下我和弟弟骏，我俩在一些中日双方善人的救济下苟延残喘。时隔几日的一个下午，我连走路都困难，觉得自己的生命已危在旦夕。忽然觉得有人走过来，我抬头看到一个身材很高的中国人像是在向我问话，可听不懂他在说什么。后来从他所做的各种手势中猜出他是让我们哥俩跟他走。我很诧异，心想他要我们这样的病秧子有什么用呢，可是想一想之后决定跟他去。虽然他双手各牵着我们哥俩走，但是我的体力不支，边走边休息，走了很长时间才走到他的家。

后来知道那个地方是离沈阳南站不很远的三孔桥附近。来到了一处门窗不大、土坯墙旧瓦顶的平房，看见靠着墙根堆有劈柴垛和发亮的煤块，屋内有个带烟筒的铁炉子，旁边站着比我小一点的男孩儿。高个子男人掀起破旧的厚棉帘，让我们俩进到里屋，见到铺着旧席子的大土炕，这才感觉有些暖意。这里比难民所强多了，我悬着的心放下来。那位男人用手指指嘴，又指着我，像是在问我想吃什么，我在土地上用铁条画了粉丝模样的东西，当晚我们就喝上了又热又香的粉丝汤，感激的热泪滴落到汤碗里。他抚摸着我的头露出了欣慰的笑容。饭后他让他的男孩和我们排队站在一起，又是用手比划，意思是那个男孩是老大，我其次，骏排行老三。在他每日精心细致地做成的软饭、骨头汤等食物的滋补下，我们有了活下去的希望。

过了两天，我眼见他每日推一辆木轮小车出去，是在路边摆地摊，以卖些针线等小杂货的微薄收入维持生活的。见此我心中产生了某种不安。不出我所料，没过几天的一个上午，他还是用“手语”告知：他已经无能力养活我们了，午饭后要送回难民所。下午我们很不情愿地回到难民所，我和骏默默无言地向那位善良的中国男人鞠躬告别，望着他边走边回头的背影，感谢这位不知姓名好人的及时救助，使我们兄弟二人的生命得以延续。

（二）我的新家

走进原来学校体育馆和各处教室，发现整个难民所已经人去楼

空，非常安静。此时此景让我顿时感觉内心冰凉，非常恐惧，认为在这个世界上再也没有我们的立足之地了。我从空荡的操场上领着骏走出校门外，在一片脏木板上坐下来，但是不知道要干什么。学校门前是很宽的马路，虽然天寒地冻，但还是有行人走动。其中有中国人，也有日本人。有人停下脚步观看，认为是在乞讨的孩子后，有分给食物的，也有的给了些零钱。见了日本人，我向他们提出领养的请求，可是都遭到婉言拒绝。有个中年日本男人，给了一张当时苏联发行的蓝色大钞票，他说是可以买50多斤粮食。心想有了些食物和钱财，可以维持一段时间了。

在我所受家教里，乞讨是一种既无能又可怜的行为。可是觉得当日发生之事，不是我们主动伸手索要，而是别人赠予的，以此平息心里的不安。我和骏所穿的衣服破旧单薄，冻得手脚冰凉全身发抖。眼见光线渐暗，脑子里正在盘算当晚去处之时，一个身穿黑色中式棉服的中国男人来到面前。他蹲下来仔细观察我们兄弟二人，然后伸手指着骏，做出跟他走的手势。我摆动双手表示不可，再用手比划告知他，我们二人不能分开。他站起身考虑了几分钟，随后拦截了一辆三轮车，带着我们俩踏上他的归家之路。

三轮车爬上一大段斜坡路，通过一座长桥，下坡后又过一个铁道路口继续向前，不久右拐再左拐，停在了一座门洞之内。下车后，那位男人领我们进到不小的平房院子里。此时天色已经到了需要点灯时分，他几声大喊，全院子的住户几乎全都跑出来看我们俩。他用手指着骏，像是在说：我要这个孩子了。又指指我，也像是在问谁要这个孩子？男女大人们带着疑惑的眼神一边审视我这个近乎皮包骨的病孩儿，一边在小声议论。我感觉是在接受最后的审判，似乎要晕倒。此时有人轻轻地拍了我的肩膀，一个眼睛很大的壮实男人缓慢地把我领到不大的住房门前。我怀着万分感激之情迈入他的房间里，柔和的灯色犹如久违的灿烂阳光，让我瞬间感受到全身心的温暖。

屋内右边是不大的土炕，上面放有不高的衣柜和一个小炕桌，屋子左边是一张长条木案子，案上摆有镜子、小箱子等杂物。屋子中间是窄窄的过道，还有一个里屋，是厨房和储物间，不大的房间收拾得很干净。屋子里有位身材不高的年轻主妇，她一边做饭一边照料手撑炕桌牙牙学语的女婴。当晚我睡在靠窗的热炕上，次日下午被带到街里的浴池，洗掉了几个月间积攒在身上的污垢，换上了女主人连夜缝制出的崭新又厚实的棉衣棉裤。仅有十年人生经历的我，切实体验到了从地狱到天堂般的巨变。

我被带来的地方是距离有名的沈阳皇姑屯火车站很近，兴隆街的东侧面，靠近一条胡同口内的四合院。院内住有七户人家，除了崔、冯两家，王、贾、苏三家都是河北省景县人，其中两个贾家是叔伯兄弟关系，其中弟弟一方就是把我和骏领到这里的那位男人。各家分别住在朝南、朝东和朝北的平房。院子里除了冯家有一个四五岁的男孩儿和王家的女婴外，其余都是三四十岁的成年人。姓苏的独身男人是在南房里做自制肥皂买卖的，是王家的远房亲戚。冯家男人是做刻图章生意的，天气好时他到大街上去刻，刮风下雨天在自家里做活。

院子里有个神秘的崔姓男人，后来得知是个“一贯道”点传师，时常看见他在自家门口用穿在小木箩样东西上的铁条，在一个沙盘里点画出各种奇怪的图形。他们家养的一只黑灰毛色小花猫，也和它的

男主人一样不安分，到处乱窜，时常爬上房顶不见了踪影，但是只要它的女主人在切菜板上剁肉或蔬菜，它便立刻闻声现身，认为是在给它剁肉食。院子里其余男人们都是做小生意的。来到新家的我，每天坐着或躺着在暖炕上养身，除了去院内厕所几乎不出门。时隔不久迎来了1946年元旦，在这对夫妇的精心照料下，我很快能吃能喝，也能走能跑了，身体恢复到逃难前的健康状态。

将要成为我养父的人，名叫王殿臣，1913年生于河北省景县贾吕村。他上有一个哥哥、一个姐姐，下有一个妹妹、一个弟弟。原来在老家务农，读过几年私塾，也在北京当过学徒，还有一段当抗日游击队员的经历。后来在“闯关东”的潮流中，来到东北沈阳市谋生，干过蹬三轮车等杂活。我进入这个家门时，他早出晚归，在叫北市场的地方做买卖旧货的小生意。当时正处于雪大的冬季，所以他在家里的休闲时间很多。他很耐心地用手势或笔，教我说话写字，买来《百家姓》《三字经》，让我读写背诵。几个月时间，我学会了基本生活用语，能写不少汉字了。到了春天我可以帮助照管女婴、做家务、上街买东西。但也闹出些笑话，例如去买醋，回来一看是酱油。有一次让我去买绿豆芽菜，走到半路忘记所购物品的名称，回家问清楚再出去时一路小跑，嘴里念叨“绿豆芽、绿豆芽”的模样，成为在大人中间广为流传的笑谈。

在临近春节前，我学会了包饺子、做又细又高的戗面馒头，也懂得了在和面时要做到手光、面光和盆儿光的三光要求。还反复练习了规范的叩头、作揖动作，准备用于春节期间的拜年。有一天家里来了一位客人，他微笑着上下打量了我，又小声和这家男主人和女主人商谈之后宣布："你的名字叫王林起，王殿臣是你爸爸，贾凤朝就是你娘。"并示意我叩头相认。我觉得事情有些突然，但还是叩首认可了命运的安排。从此我有了中国的父母亲，成为王家的长子，有了中国名字和户口，原籍是河北景县。后来也自然拥有了中国国籍。多年后才得知，按照中国传统命理说法，当年王家在金、木、水、火、土五行中唯独缺木，所以少了男丁，而我是这个王氏家族中到来的第一个男孩儿，所以被命名为"林起"。"林"和"起"字，包含了家族希冀的朴素寓意吧。此后，在我之后面出生了以"林"字为首的近十名弟弟和叔伯弟弟。成年后，我觉得此名有些土气，但为了遵从养父的意愿始终未作改动。

我的中国父亲王殿臣

我的中国母亲贾凤朝

到了春暖花开时，我的中国父亲，也就是我的养父，时常用自行车带上我，去沙头沟、北市场等地去逛街，在饭馆吃与在家不同的饭菜；还进戏院子里去观赏我既看不明白又听不懂的“戏曲”。除了给我买新衣服外，还买了一双只有当时阔少爷才穿得起的锃亮皮鞋，可见养父对我的疼爱程度。那双平日舍不得穿的皮鞋一直穿到了北京。几个月间所发生的一切让我觉得有了温暖的新家，又回到了幸福的童年。可是弟弟骏没有享受到这样的福气。春节后的一个早晨他突然死亡，裹在席子里的遗体，被放置在大门洞里，养父和我被警察叫到兴隆街派出所做调查。可是在事情没有结果，我也没见到骏的遗容之前，他就被运走埋葬了。骏的离去让我痛苦万分。可恶的侵华战争让我失去了父母、失去了弟弟妹妹、失去了家、失去了所有，最终使我变为渡部家的孤身一人。

我的中国妈妈，养母贾凤朝，当年才23岁，她与养父是同村人。她裹了小脚，也读过私塾，16岁出嫁。除了我见到的女婴外，在之前她还生过两个女儿，不幸都夭折了。以后又生下五个儿女，他们是大女儿淑珍、二女儿淑琴、大儿子林泉、二儿子林祥、三儿子林忠和三女儿淑清。加上我，她成为七个孩子的妈妈。当年她也和院子里几位年轻的家庭主妇一样喜欢化淡妆，穿戴干净，也把家里收拾得很整洁。院子里的妇女们，每日除了做饭洗衣照料丈夫孩子外，空闲时候她们在一起聊天、玩纸牌。每隔几天的下午还要“打牙祭”，就是大家各自出钱合买大煎饼卷驴肉或者是黄米大年糕作为茶点来分享。很快我就担当起“打牙祭”的采购员。那时，出了胡同口的拐角处就是一家煎饼铺。每日上午和下午用白色黍米和黄豆磨出的糨糊，摊出又大又薄、吃起来还有点儿筋道的山东大煎饼，是很多家庭的主食，供不应求。养母她们“打牙祭”的吃法是把买来的熟驴肉卷在煎饼里吃，是解馋的一种方法。在兴隆街南端有个卖年糕的独轮车。当地做东北大年糕的方法是在大蒸锅里热开水，直接把大黄米面一层又一层地撒在大笼屉蒸汽上，上面再加些小豆和大枣做成又大又厚的“巨无霸年糕”，放在独轮车上用刀切下来论斤出售。这两种东西是养母和我最喜欢吃的食物之一，想一想就会流口水。

不到半年，我适应了新的家庭生活，也大体上熟悉了当地环境，认识了一些住在胡同里与我年龄相仿的孩子们。我和他们玩“抽汉奸”，也就是用手中的小鞭子抽打在地面上旋转着的木陀螺之类的游戏，还结伴去捡拾煤渣或废铁。煤渣自家用，废铁可卖点小钱。有一阵子在我们住处附近的铁路上时常有运煤的火车通过，是从皇姑屯车站开往沈阳南站的，因为两站之间的距离短，所以车速很慢。于是铁路两侧的不少住户学会扒火车抢煤。运煤列车通过时全家人出动分工合作，有人上车用口袋装煤往下扔，车下有人接应，人山人海场面壮观，缓慢的车速让人觉得是司机故意所为。但也有时车速较快，有压车的国民党士兵在上面，还偶尔放枪驱散人群。我和玩伴们也去过两次，一次和他们协力扒车，抢回近20斤烟煤块；另一次是连煤和口袋都被别人捡走，白白落得一身黑煤灰。为了多捡些东西，我与伙伴们自带干粮到沈阳南站、铁西等地去寻找废铁杂物。沿街看到不少断壁残垣，还有一丝不挂的大小尸体堆起的小山，无人过问，无人掩埋。可能是因为见到的死人太多了，即便是见到那样惨不忍睹的状况也不感到意外，路人很麻木地走过去了。因为捡拾东西的人很多，所以我们找一天也捡不到多少东西，有时还空手而归。有一天在南站铁道线

附近，无意中遇见我在开拓团上学时的上同班同学，记得他姓岩。两人对视时都惊讶了片刻，但都是欲言却未说什么就各自走开了。兄弟般的同学，在残酷的命运驱使下变成了“陌生”的路人。

那时的兴隆街虽然不算繁华，但街里商铺很多，逛街的人也不少。一个夏天的上午我上街购物，遇见一个高个子乞讨的男人，头发有些花白，胡须很长，面色发黑，身穿深蓝色破旧的衣裤，左手捧一个灰色的瓷碗，脚上趿拉着露脚趾的布鞋。觉得好像在哪儿见过，仔细一看，才认出是曾经把我和骏从难民所接出去的那位高个子男人。他转身与我视线相遇时，也立刻认出了我，张开嘴像是要说点什么，可是轻声叹了口气，默默地离开了。我愣了一会儿，望着他的背影，心里非常难过。他在家境困难自身难保的状况下还尽力为曾经给他造成极大伤害的国家的孩子提供帮助，一个好心人的命运为什么这样凄凉？后来，每当眼前浮现那位未知姓名人的身影，我都会为当时虽然有了机会，却未能对他表达感恩之情而懊悔不已。

1947年春季，我们家从兴隆街搬迁到南站西南方向的一处繁华街道。住进原日本民居的二层楼房。这栋小洋房紧靠街面，屋内用推拉门隔出卧室、客厅，还有厨房、厕所，居住条件很好，楼下是宽敞的商用房。当时沈阳市在国民党政府管辖下，街上行人中有不少身穿美式军服的国民党军官，臂挎鲜艳旗袍裹身、足蹬高跟鞋的太太小姐，为灰色街道添了些色彩和热闹气氛。有时在街上看见军用卡车呼啸驶过，车上载的是五花大绑的犯人，说是造假币的人犯，他们正在被送往刑场。搬来此处不久，养父的弟弟王武臣、叔伯弟弟王虎臣和他姐姐的儿子贾怀义先后来到沈阳寻找生存出路。为了能让新来者在城市里站稳脚跟，养父找到几位合伙人，在楼下开了以出售食品为主的杂货店。开店的过程中还出现了一个小插曲，在合伙人中有一位是回民身份的人，在投资协商中，他一直没有说出个人教门。等到商店开张的前一天“生米煮成饭”时，才公开了自己身份。股东们又匆忙做了个回民特有的商店招牌挂起来，成为了清真食品店，后来大家合作得还很愉快。

有时我也在店里帮着干点杂活，可主要“工作”是背着三岁的小妹妹淑珍到附近的一个小公园去哄她玩，以减少她在怀义表兄逗弄下的哭闹。此时养母新添的二女儿淑琴也一岁多了，养母只能在喂养和照看小婴儿中度日。我偶尔有机会跟随养父“出差”，去沈阳西南部的辽中县等地收购粮食、大蒜和其他货物。在运输货物的过程中，我可以坐在马车或卡车上看看郊外的景色，这是很轻松愉快的过程。有一天，我们租用的卡车抛锚在上不着村下不着屯的半路上，车修到半夜也没有结果，无吃无喝，只得用车上满载的大蒜充饥，也许大蒜的辣味就这样永远留在了胃囊里。还有一天中午，我们的车停在一个学校门旁休息，养父到校内操场边的单杠跟前，稍微试了试身手，便一跃撑起，在杠子上做了个高难度的笔直倒立，我很惊讶，不知他在何时何地练出了这种本事，很为他骄傲。

养父兄弟都善于交际，时间不长便与周围商家建立了良好关系，还与姓杜的鞋店掌柜成为终身朋友。也因为生意关系，与一些国民党官员有了来往，宴请不断。转眼间到了1948年春季，即便是像我这样的少年，也能感觉到东北局势发生了明显变化，沈阳市逐步进入人民解放军的包围圈之内。为了应付市里要求构筑的防御工事，我顶着家里的出工名额，混在成人堆儿里到郊区的北陵、浑河等地去挖战壕，

有的地方因为路远，往返需要多半天的时间。工地上虽然有监工人员，但是没有几个认真干活的。不久市内开始物价飞涨，粮食紧缺人心恐慌。新发行的崭新金元券，好像没用几天就贬得一钱不值。家里让我拿着装满金元券的布袋，到粮食市场买唯一能买到的黄豆面，竟然买不回与钱币等重的黄豆粉。有一次钱袋被人夺走，无脸回家。面对越来越糟的生存状况，人们纷纷弃家外逃。

此时，养父弟弟武臣通过人情关系，花钱从国民党军官手中获得几个乘坐军用飞机的名额。所以养母带领我和淑珍、淑琴两个妹妹，加上叔伯叔叔虎臣五人，搭乘上国民党的军用飞机，可以说是破天荒，意外幸运地从沈阳飞到了当年的北平（现北京市）。那是一架美式双引擎运输机，大圆筒式机舱内的两侧安装有座位，有个像是机上负责人说，这是一架运输伞兵部队的飞机。机舱中间放有特大黑色棺柩，据说是某大官员的长辈。飞机内只有守棺人员和我们家人，噪音很大的飞机飞了两三个小时才到达目的地。我从小圆形窗口看到可能是山海关周围的青色山峦，体验了首次乘飞机的特殊感受。飞机降落，出舱后多数人都呕吐起来，而我还“表现良好”。很久以后，注意到北京动物园外墙的样子，才回想起当年乘坐的飞机是降落在了北京西郊机场。后来听说，我的怀义表兄是从沈阳步行回到老家的。还有一位与我身份相同的“日本遗孤”也是与他的养父从东北走回到河北衡水。他们都说路上见到过饿死的大人小孩。可见无论是什么样的战争，都给普通老百姓带来包括丧失生命在内的大灾难。

多年之后的1987年春末到东北出差，住在沈阳南站对面的宾馆。在休息日重访当年住地，先到我们曾居住过的原日本居民住宅区，见到当年繁华的街道两侧建筑物外观依旧，可是街上行人稀少，商店也不多，我与养父母住过的二层楼房，成为当地居委会。只是拍了张照片带给养母留念。之后，又去了皇姑屯附近的兴隆街旁，找到了我生命的转折地，那个不能忘却的四合院。可是那里也变成另一处居委会。我向坐在路旁晒太阳的几位老人打听，得知我熟知的贾姓住户，前几年搬出后就不知去向了。我非常遗憾地站立了很久。

（三）在北京的新生活

1948年秋来到北平，养母携我和淑珍、淑琴两个妹妹，在事先联系好的一处百货商店后面的家属居室里安顿下来。开商店的是养父的妹夫陈来顺，商店位于丰台火车站西面，在丰台正阳大街中心很繁华的位置，是一家以经营布匹和小百货的综合商店。我们在商店内受到一段照顾后，在商店后面的四合院里租到三间西房住下来。院子里的东房里住有魏家和张家，北房住的是马家、罗家和郝家。马家的儿子马增寿和罗家儿子罗启，再加上外院邻居、邮递员家的孩子陈建章，因此他们都与我年龄接近，又有些共同的兴趣爱好，所以直至今日仍然保持着孩童般的友情。院内有一口需要用带绳子的桶把水提上来的水井，厕所位于院子东面的另一个小院子里。那个大院的院门朝西，出门就是一条所谓的“死胡同”，因为这个院子的门牌号属于正阳大街。口内的北边还有两个居民院落和一座戏园子。我觉得当时的居住条件还不错，只盼着养父早日归来。不久街上有了“八路军快要

来了”的传闻。一天下午我被派出去给驻守在丰台东边的国民党部队送开水，险些被他们挟持着去北平城里。可能是部队接到了撤退的命令，兵营里一片混乱，他们忙着往卡车里装东西，有个戴大檐帽的军官要把手提水壶的我也装上车，幸亏我挣扎着逃脱了。可是养父弟弟王武臣，就没有逃过被挟持到北平城里的命运，他是北平和平解放后才回到丰台的。

国民党部队撤退后的当天夜里，听到几次枪炮声音，人们在疑虑中等待黎明。次日清晨我自己出去打探消息，雾气笼罩下的街道安静无声。我站在胡同口四处张望时，大街西边传来了马蹄声，我退回胡同口内，窥视到一队身穿黄色军服的骑兵向东驶去，心想这些人可能就是传说中的八路军吧。我很诧异，他们与被国民党妖魔化的样子完全不同。此后的一段时间，从北平城里飞来的小飞机，飞到丰台西边的军用仓库投掷炸弹，我眼见黑色小炸弹散落下来，随后听到一串爆炸声。八路军从房顶上用机关枪打飞机，传来一阵阵类似鞭炮的声响，丰台镇也嗅到了战场上的硝烟味道。丰台的提前解放，使正阳大街成为春节商品的集散地。商贩用多种运输工具，包括使用大骆驼和小毛驴驮运，街市上各种商品丰富多样，给我留下难以忘怀印象的是从保定方向运来的大扁圆形糖瓜，按大小叠摞起来，最大的有三四斤重，真想抱回家里啃上一大口。有一天，看见一头小毛驴的蹄子踏上老式含磷的火柴包，瞬间点燃起的火焰和爆裂声，不仅把人和驴吓得蹦起来，还差点引起火灾。

1949年初，我在正阳大街西边看到一眼望不到头、把车箍涂上白色的军用车车阵，车上载着穿戴整齐的人民解放军战士，越过丰台大桥向永定门方向驶去，他们是进入北平市的先头部队。北平的和平解放，迎来新中国的建立，北平改为北京市，成为中华人民共和国的首都。

养父是北京与沈阳通车后，空身回到丰台的。他借钱在正阳大街租到一个小商铺做起了买卖新旧服装和鞋袜的小生意。人做生意至少应当会计算和记账，他为了培养我成为做买卖的助手，便送我去上学，所以我在1949年2月成为丰台镇小学校二年级的插班生。幸亏我已经认识了不少汉字，而算数的阿拉伯数字和加减符号是与日本学校所学相同，所以没有太费力就跟上了教学进度。当时的孩子们入学时的年龄都不小，我以为我是班上年龄最大的，后来发现还有比我大一两岁的。我在三年级时，成为新中国建立起来的第一批少年先锋队队员，还被选为佩戴三道红杠标识的大队旗手。

可是刚读完小学四年级，也就是初小毕业，家里觉得这样的文化程度对于小摊贩日常所需的计算和记账已经足够用了，就准备让我退学从商。学校的老师们，尤其是班主任严老师，认为我在班上学习成绩和表现都不错，有几次她亲自到家里说服养父母，才使得我可以继续上学。所以我在家里协助养父守店铺，帮着养母做饭洗衣，照料小弟弟妹妹们就更主动、更勤快了。从加入少先队到离队期间的国庆节清晨，学校少先队的代表们都穿上家里新买的白上衣蓝裤子，佩戴红领巾，从丰台上火车到前门站，然后走到天安门广场去参加国庆观礼。

我几乎每次都能站在队伍的前排，也就是观礼的最佳位置，观看被检阅的陆海空部队通过天安门前，我们都非常佩服行进中的各兵

种方队里一列列的士兵，从侧面看去，步伐齐整得就像一人在行走，不由得想为他们的英姿大声叫好。游行队伍里的各种彩车也看得我们兴奋不已，为祖国的繁荣强盛而骄傲。等到游行结束，在放飞大量的鸽子和彩色气球同时，我们飞快奔向金水桥，挥动双臂向伟大领袖毛主席欢呼致敬，仰望毛主席向我们招手，感到无比光荣和幸福。成人后，我在工厂上班时，每逢国庆节和五一国际劳动节，除了参加庆祝节日游行之外，大多数时候是到劳动人民文化宫或中山公园和天坛公园参与游园活动文艺演出的筹备工作。那几天每天都要在清晨五点就奔向目的地，去准备演出场地了。

1951年的新学年，我们五年级学生搬进了新建教室，兴奋之际，我代表全班同学写了一篇感想作文寄给《北京日报》。其大致内容是：自从新中国成立，人民当家做了国家主人，在共产党毛主席的领导下，努力建设新国家。我们所在的丰台镇的面貌也发生了很大变化。昔日脏乱的正阳大街旧貌换新颜，街面干净，也增加了很多新的商店，方便了群众生活。我们的学校也按规划逐步把原来低矮陈旧的教室进行改建。我们这个年级的学生，优先搬进了新建教室。同学们在宽敞亮明的教室里，使用上崭新的木桌椅，心情舒畅，情绪高昂，决心在校长、老师们的教导下努力学习、天天向上，将来成为建设祖国、保卫祖国的好栋梁。稿件投出后，报社很快派来一名叫李进的记者进行采访，拍了些照片后一并发表了。我们把得到的五元稿费买了信纸信封寄给抗美援朝的志愿军战士。

1953年夏天我小学毕业了。当时加上来到丰台后出生的林泉、林祥和林忠三个男孩，养父母家已经有了六个孩子。急需我这个已经

18岁的大儿子全身心地投入到“家庭事业”之中。我虽然认为这是理所当然的，但内心还是想上学多念点书。也许是因为这一年我在丰台镇各小学校毕业会考中考了第一名，学校老师们又到家里推荐我上中学。我又得到了养父母的谅解，可以到北京十二中学继续求学。其实从上小学不久，很多老师、同学都知道了我是日本孩子的身份，我心里也曾担心被侮辱或欺负。几年过去后，并没感觉到大家对我有何异常，我很快融入到友善、温暖的群体里。在以后的中学阶段，同样受到学校领导和多位老师的关爱和器重，也得到了同学们纯真的友谊。不久，我也成为光荣的中国共产主义青年团团员。我学到了知识，更懂得了做人的道理。在北京十二中学求学的几年里，我边上学听课，边帮助家里做家务，即便因为做家务不能正常上课，考试成绩还经常保持班里第一名，同时也一直是班里的班长。学校鉴于我们家里的实际困难，还破例免除了我的出勤考核。初中毕生后为了早日参加工作，减少家里负担，我决定与几位同班同学一起去报考北京机械制造学校，可是学校几乎下命令：必须进高中，将来上大学。我被保送进了高中班，梦想有朝一日迈入某大学的校门。

可是短暂的美梦很快被突如其来的病魔打碎。1957年的暑假之初，我患上肚子痛的病症，以为是肠炎之类的小病，反复治疗了十几天。因为不能正常进食，身体消瘦下来。一天早晨，实在忍受不了疼痛而大叫起来。养父见状，立刻背起我跑向200米开外的丰台公交车站。那时的公交车，是解放牌卡车改装成的，是在底盘上安装了个类似方形大箱体，车厢两侧开有小窗口，乘客需要从车尾登梯上车，养父征得司机同意，抱扶我坐到副驾驶位置。到达终点广安门后，好心

的司机又把我们送到当时的北京第一医院。在做手术之前我就休克了：眼前蓝黑的天空中出现了点点星光，人似乎悬浮在软绵绵的天空中，持续多日的疼痛感完全消失，极其舒适轻松，体验了一次生命即将逝去时的特殊幻觉。

苏醒后，站在身旁的白衣大夫手举镊子，夹着带血的小手指头样的东西给我看，说是刚从我腹中切下来的盲肠。原来我得的是慢性盲肠炎，之后急性发作，所以异常疼痛。赶到医院来看我的养母和婶婶见状流泪不止，是我的病容吓着了她们。养父停业，常在病床旁守护着我，待稍微恢复，就买来蛋糕、烟台梨等我喜欢吃的食物，还特意从乡下老家请来叔伯姐姐王淑敏照顾我。因为误诊和耽误治疗，盲肠炎转变为重症腹膜炎而危及到生命，所以我先后做了三次手术，洗肠又下管子排脓，住了40天医院，在两位从部队转业不久的外科大夫精心治疗下，总算基本康复出院了。可能是因为年轻，我康复得比较快，出院前的十天，每日体重增加一斤。如果那一次未能及时送医院抢救，我恐怕活不到现在，是养父母又一次挽回了我的生命。当时人们看病全是自费的，我的医疗费用花去了家中三分之二以上的积蓄。虽然丰台镇政府提供了些补助，但还是给家里生活造成很大困难。

为了恢复体力，我停学休息了一段时间。其间几乎全班的同学都跑来看我，同学中有三分之一是归国华侨子弟，大家的情谊让我非常感动。半个世纪之后的今日，还有几位华侨同学以及其他同班同学和我保持着良好友谊。

复学后我认真考虑是否继续坚持学业的问题。当时，家里加上最晚出生的小妹妹淑清，就有了七个孩子，个个要吃饭穿衣，还有几个上学的，全家九口人，只依靠养父一个人收入是实在难以支撑下去了。养母是从早忙到深夜，无法出去工作。我的一场大病对处于生活拮据状态的家庭更是雪上加霜，所以再也不能无视现实。我决定停止学业去找工作，所以没有征得任何人的意见，向学校提出退学申请。我的决定辜负了学校长期以来的精心培育和特殊关照，所以费尽周折，得罪了很多老师和领导才准许退学，我怀着感激和无奈的心情，离开了心爱的北京十二中学。

五、工厂岁月

（一）走进工人队伍

1958年春，退学后的我忙着去找工作。也许是出生于山村，在十岁前生活在与山川有关环境的原因，很想找到能在野外大自然中的工作。那个时代有一首《勘探队员之歌》在年轻人中广为传唱："是那山谷的风吹动了我们的红旗/是那狂暴的雨洗刷了我们的帐篷……背起我们的行装/攀上了层层山峰/我们满怀无穷的希望/为祖国寻找着丰富的矿藏"。听到那首歌曲，非常想成为探索天地自然的勘探队员，可是不知如何才能找到他们，所以心中的向往成为天真的梦想而已。1958年上半年不知何种原因，多数单位都不招收新人。后来在丰台铁路工程队找到工作，当了一名修建丰台车站候车楼的和泥工，日工资近1元。开始时是与刚从地质勘探队退下来的一个青年搭伴和泥，他是因为患上严重的膝关节炎被辞退下来的，我很为他惋惜。他比我大几岁，可他毕竟是干过勘探工作，所以与他很合得来。他告诉我勘探队的工作非常艰苦，不具备超长的体格是不能胜任的。听了他的劝告，我最后放弃了从事勘探队的念头。我们俩不仅和泥，还要肩挑百十斤的泥浆，上台阶送到二层楼台面上。没干几天双肩就红肿起来了。

很快工程队了解到我是高中生，还能写写画画，就让我脱产搞宣传工作，其主要任务是写大标语，定期更换大宣传栏的内容。当时这个工程队的任务是铺成从丰台站到沙城站的铁路线，简称丰—沙线。所以随着工程进展，工地要向前移动，指挥部不久从丰台搬到了宛平城北边名为文字山的荒地里。我在那里负责对工地的广播，播送通知、音乐等，不小的广播设备安置在无门无窗户的草棚子里。每晚午夜的下班铃声响过后，工地人群很快撤回远处的宿舍，嘈杂的工地变得鸦雀无声。无灯光的黑暗旷野地，只剩下守护广播器材的我独自睡在毫无安全防备的草棚里，但是并未感觉到有什么可怕。

工程不断向前延伸，工地离家越来越远。我虽然已退学上班了，可是内心里仍存有边工作边学习的打算，因此不想远离北京城。我向队里提出辞职要求，没想到党总支书记、队长和工会主席轮番谈话挽留我，开出签订长期雇佣合同、把已经是54元的工资再增加些的优惠条件。而我以各种理由推辞，最终离开了工程队。回想起当年的任性和自私行为，不仅对不起工程队的好心人，还放弃了不少对家庭的补贴，真是干了一次不知好歹的蠢事。

1958年的下半年，全国进入“大跃进”时期，各厂矿开始大批招收新工人，我急忙跑到几个大工厂去报名，可是得到的答复都是等候通知。其间，丰台劳动局告知说：“要在本区新建一个大工厂，赶快去报名。”我火速去前门地区观音寺，到北京汽轮机厂筹建处报名，被当场录取后，回家取来被褥等生活必需品，住在那里等待分配工作。当时对这个工厂生产什么，需要什么工种等一无所知，也无人做详细介绍。我只是认为国有工厂的正式工人就是干革命工作的，就是为建设社会主义而奋斗，具体干什么无所谓。在那里等待分配的多数人是初中毕业生，也有少数高中生和从农村赶来的年轻人。

正当等待得不耐烦的一天上午，招工办的人大喊：“分配名额里还缺一个人，谁去？”我马上回应：“我去！”虽然几个高中生劝我再等等看，我还是与四个女生一起出发了。我们五个人，作为新建厂的学徒工，被分配去钢铁研究院学习操作磨床。本来在金属切削工序中的车、铣、刨、磨各种机床里属于最后一道工序的磨削，虽然要求加工精细，但是体力消耗较少，所以一般选择女工操作磨床。当天北京汽轮机厂派到那里的各工种学徒工有五六十名。钢铁研究院的机械加工车间，金属切削机床不少，工人师傅也很多。到了车间才知，那天应该到此处来学习磨床的都是女生，分配工作当天有一个女生因故未到，所以我这个男生被“补”进了这一工种，这又是一次命运的安排。

宽敞的车间里有万能外圆磨床，平面磨床和工具磨床各一台。在两位张姓男女师傅的带领下，我们五个学徒工轮流在三种磨床上学练操作方法。加工工件主要是为测试金属物理性能所用的试棒、试片等。因为金属成分不同，磨削时出现的蓝、黄、橙、红等各种火花，使我觉得新奇又提高了工作的兴趣。大约半年后，在师傅手把手的耐心传授下，我先于四位女工“出徒”，可以独立操作，顶班生产了。当时已进入热火朝天的大生产、大炼钢铁时期，从事钢铁研究的单位也在院子里支起火炉炼钢。我们没有参与炼钢，但几乎每天加班赶任务。学徒期间我们寄宿于西单商场对面的工厂筹建处。学徒工的月工资是16元，每月除了伙食费，仅剩一点零花钱。我很早就学会了吸烟，闲时还要买书看，想尽量多学些各种知识，看完一本卖出，再添钱买新的。偶尔还要去不远处的中央音乐厅看演出，是个真正的“月光族”。除了加班之外的多数休息日还要回家帮助处理家务事。

时间过得很快，不足一年的培训过程转眼之间就结束了。所有学员都回到我还没见过的北京汽轮机厂，唯独我被留下来不让回去。也许是因为在“五一”节前的大会战中，我加班三天两夜按时完成任务有功，被授予季度先进生产者，还发了奖金，车间党支部书记、段长找我谈话，希望我一直留在钢铁研究院工作。培训期间，这个单位的师傅、领导都待我很好，不好意思当面谢绝他们的挽留，几天后偷偷地“逃”到了北京汽轮机厂，又干了一次对不住人家的事情。

当年位于丰台区吴家村的北京汽轮机厂是国家在北京西南郊所建三大动力厂之一。主要生产火力发电设备和大型电动机。1958年我来到这个大厂时，有些基本建设工程尚未完成，在劳动科报到后，我被安排到基建工地去当搬运工。在“多快好省”的口号下，各项工作突飞猛进，捷报频传，有的厂房、食堂是几十个小时就建成的。我所在的装卸队也曾创造出21秒装满一卡车沙土的“北京市记录”。大家干活挥汗如雨，乐观而不知疲倦。我们都在职工食堂吃饭，那个阶段，我的中午饭能吃二两一个的三个大馒头，是饭量最大的时候。我们在夜里睡在新建厂房内的临时大通铺上。

回顾50多年前那种为了早日建成社会主义国家，人们不怕苦累、不计得失、亲密无间的精神状态，是一段值得怀念的历史过程。基建工程大体完成，我也被分配到与四位女生学伴相同的工具车间。在未去报到之前，我应邀去设备科，为他们科室所办的宣传园地画些插图。这一件小事情，犹如翻过一篇书页，我从预定要去的工具车间被调到设备科所属的机修车间。从此我成为北京汽轮机厂这个国有大企业的正式职工，一直工作到退休。

（二）与金属切削机床为伴

设备科机修车间占据了大厂房面积的三分之一，有一百多名职工。除了金属切削机床工人，也有钳工、电工、起重工和电气焊工，还有不少管理、技术人员，可以单独成为工种齐全的机修厂。我在铣床、刨床、磨床和齿轮机床组合成的金工二组上班，跟随张姓女师傅操作万能外圆磨床、平面磨床和工具磨床。磨床加工以砂轮为“刀具”，是金属切削的最后一道工序，要求加工出的金属零件误差尺寸控制在百分之一至二毫米，表面光洁度标准要求达到微带加工痕迹的三级以上，可以说是比较精细的工序。我所使用的属于中小型号设备是从东德进口的万能外圆磨床，由液压控制横向和纵向运动，操作灵活方便，可以磨削金属零件的内外径和平面，加工出的零件尺寸精确，表面光洁度超标。师傅的示范、技术培训人员的讲解，加上自己买来《磨床工艺学》等技术书籍自学，我很快掌握了此设备的操作方法，并能排除和修复一般的故障。比如，对砂轮采用某种措施，可以使一些轴类零件的外径表面光洁度达到镜面效果。还有，这台设备按原设计可加工零件的内径长度不超过200毫米，但因为在修复大型镗床主刀杆锥孔的需要，我动脑筋想办法，在内圆磨头上加了一个辅助轴套，将磨削内径尺寸长度增长了近一倍，与钳工师傅配合，比较顺利地修复了大型镗床主轴上的锥孔。

我所用的平面磨床，看起来操作比较简单，但在磨削超薄或异形零件时容易出危险，尤其在控制尺寸精度时需要格外小心。我就出现过因操作不当，把砂轮“啃”下一块的故障。机修车间的工具磨床，主要是用于修复齿轮加工机床的刀具，此外加工一些特殊工件的凹槽和球形凹凸表面。加工这种零件，需要事先做出辅助工具，或者把砂轮修成特殊外形的辅助支架。一般所需辅助工具，大部分都是我自己设计、加工，对保证产品质量和提高效率起到作用。车间里根据维修需要自制了两台导轨磨床，我也操作这种磨床，修复各种金属切削设备的导轨面，代替钳工的刮研作业，我借助这种修复机会，掌握了几种精密测量工具的使用方法，对后来协助维修钳工工作，在自制设备过程中派上了用途。还有，在操作导轨磨床的实践中，实际接触到了金属在加工过程中或在周围环境温度变化下所产生的体积变化，即所谓“热胀冷缩”现象。认识到这一点，对修复零部件的质量控制用处很大。在边干边学的过程中，初中时所学初级几何学也派了上用途，例如垂直度、平行度、同心度及三角等基础知识的实际应用，保证了加工和修复操作中的产品质量。

大约在1963年，北京汽轮机厂与厂西边一条马路之隔的北京电工机械厂合并，改名为北京重型电机厂。原来的两个厂区分别称之为东厂、西厂。合厂后不久，机修车间搬迁到西厂，车间的人员增多，任务加重。我不仅操作原有的磨床，还要操作铣床、刨床、钻床等设备，用于加工或修复多种零部件。还要时常穿梭于东、西二厂之间，协助维修钳工共同完成某些设备的修复任务，被厂领导称为“多面手”。

厂内所生产的发电设备越来越大，需要更大更多的加工机床。除了外购，厂里决定自制12米龙门刨床、5米立式车床等大型机床，其自制任务由机修车间完成。12米龙门刨床是参考了北京第一机床厂24米龙门刨床设计的，据说那是付出相当于两吨黄金价格，从西德进口的巨大设备。车间领导让我承担了12米龙门刨床的立柱、横梁、导轨等大部件的加工任务，其中难度最大的是需要用大型刨床刨出横梁的导轨面。横梁导轨的长度为7.3米，而当时厂内最大刨床只能加工出长度6米以内的工件。我设法利用当时流行的“蚂蚁啃骨头”的办法，在不损伤设备的条件下，在6米单臂刨床工作台下面的前后增加了移动齿条，扩大了单臂刨床的加工范围，啃下了超长的一件“骨头”。后来在新制成的12米龙门刨上与刨工师傅合作，利用安装在横梁刀架上的平面磨床磨头代替钳工刮研，修复成了进口10米车床上的长度10余米、宽度近两米的导轨面。在自制5米单臂立式车床中，为了赶进度，大部件都是用钢板焊接成的。其中立柱的燕尾导轨的加工成为一道难题。通常金属切削机床机身都是铸造而成的，但钢板焊接出的立柱导轨面由于尺寸太大、材料过硬，最后的精度和光洁度要求，既不能由钳工刮研出来，也不能用导轨磨床磨成，所以我还是利用6米单臂刨床，将体积很大的立柱固定在刨床侧面，把借来的立式铣床的铣头安装在刨床工作台上，自己设计并制成由几十把合金刀头焊接成的铣刀盘。我还请来电工师傅，用电阻器降低工作台的移动速度，最终“飞”出了达到精度和光洁度要求的立柱导轨面。

随着在长期实践中不断了解金属加工有关知识和各种机床操作方法，技术水平的提高，我也能加工出一些特殊零部件。有一年彗星撞木星时，正在北京天文台搞设备改造的本车间张姓技术员，带来两位紫金山和北京天文台的工作人员，手拿一件需要修复的天文望远镜上的专用轴承环，说是到了国内一些大工厂都未能修成，问我能否修好。我眼见是直径180毫米、壁厚15毫米左右、长度12毫米的轴承外环，其直径和椭圆度的尺寸精度要求控制在2‰毫米之内。按精度要求，修复这个轴承不仅要求磨床精密度，还要具备相应的测量工具。当时的机修车间里，还备有可测出其轴承内径的内径千分表。我调动一切可利用条件，尽力所为，操作万能外圆磨床，修复了我一生中遇到的最精细的加工件。还有一次，也是用我心爱的万能外圆磨床，为某科研单位加工名为“阿姆可铁”的纯铁金属零件，其外径约200毫米、厚度50毫米。委托人是用厚毛毡裹好放在精致木箱里抱来的，共四件。据说此纯铁材料的纯度在99.99%以上，其价值可比黄金，要求加工时需要格外小心。虽然这种材料又软、又黏，磨削时需不断修正砂轮，比平时多用了几倍的工时，还是让来者满意而归。再一次是在大修苏式10米大车床时需要加工主轴上的大小两个静压轴承套，我负责加工大轴承套的内径油槽。那是个外径约400毫米、内径约330毫

米、长度约500毫米的大铜套。我借用一台自制万能摇臂钻床，使出浑身解数加工出设计复杂的多条油槽。我能在磨床岗位上，为厂内金切设备正常运转做出微小的成绩，除了自身学习努力之外，与各级领导和政工技术人员的关心和帮助是分不开的。升为二级工之后到离开磨床岗位的20余年，我给本车间和外单位先后培养出近十名青年男女磨工。特别是专门为车间培养的吴冀清、吕淑敏、李秋洁和刘慧淑四个女磨工徒弟，竟然没有一个留在了磨床岗位上的。她们有的调出当了干部，还有出国的，也许是这些女青年各方面条件都是比较优秀者，是车间领导有意给我配备的徒弟们吧。

我在机修车间的生产岗位近30年，约有五分之一的时间是在加班当中度过的。可能是因为工作紧张，曾经患过严重的十二指肠溃疡病，险些造成潜血穿孔。由于不能正常进食，经常以饼干之类充饥，体重只有一百零几斤，有的瘦小女工要与我打赌，体重轻者掏五角钱“请客”。有时因为加班时间太晚不能回家，便睡在大工具箱里。那个年代，虽然有各种困难，但是照常上班不误。一切为了党的事业，为了国家四个现代化，忘我劳动是时代赋予工人阶级的光荣使命，我也在努力争取跟上这支队伍前进的步伐。

在这里，我想记下一些在工厂里经历的生活小事。1960年因为自然灾害等造成的三年困难时期，国家对粮油食、布匹等生活用品实行了限量供应，为了克服暂时困难，厂内各个车间科室开垦厂区闲置场地种白薯，秋后分给职工。当时我住单人宿舍，有人把舍不得吃的馒头放馊了也不扔，待到冬天干透了再吃。有一段时间，在我们四人住的宿舍里，有一个年龄最小的徒工保存的肉罐头在减少，我们三个本车间的青工怀疑是另一个车间的小伙子干的。于是设计抓住了他，他承认了错误，我们原谅了他，此后我们相处得还很融洽。在之后的经济压缩，下放企业人员时，车间里不少从农村来的职工不得不回农村务农。我们金工二组的两个青年铣工也回到农村老家。30多年后见到他们时，我几乎认不出了，他们带有皱纹的脸上都留下了岁月的沧桑。我们在交谈中，觉得无论在农村，还是在工厂，都为了国家，也为自己没有虚度年华而欣慰。还有在支援三线建设时，需要一部分职工调往边远的内地，我也积极报了名。之前，我们车间在一次植树活动中，有人在树苗堆里发现了一条蛇，喊叫了一声“蛇！”，当时在栽树人群中一个叫马富霞的女工听到了“蛇”字后，竟然晕倒在地。就这样怕蛇的人，出人意料地与新婚丈夫到多蛇的祖国西南腹地去支援三线建设，对于她的作为我由衷地敬佩。

与北京重型电机厂设备科设备管理人员合影

因为工作需要，还因为染上了职业病矽肺的原因，我从1985年开始脱离一线生产岗位，调入设备管理部门，专职负责全厂设备备件的管理工作。具体内容是负责厂内所有设备备件的储备、制造和外购任务。说实话，我一旦从紧张忙碌的生产岗位转换到相对有序平稳的办公室环境，很长时间都不适应这突如其来的变化。幸好不久办事地点转到了设备备件库，我逐渐适应和熟悉了具体工作内容，喜欢上了新的工作岗位。其原因是不仅加班之事少了，还有时常出差的机会，在本市内求援急需备件，或者去外省市参加备件订货会。订货会一般选择在大城市或某个旅游胜地举办，会后安排游览活动，让我这个喜欢绘画者有了观赏风景和古迹的机会，也结识了些新的朋友和关系户。

（三）做兼职宣传员

我在工厂里不仅操作机床为保障全厂设备正常运转作贡献，还要做不少的宣传服务工作。尤其成为团总支的宣传委员和车间分工会宣传委员之后，又加入厂内美工组，占据很多上班和业余时间，在厂内及车间里写大标语、画大壁画，还要出宣传栏、黑板报和举办各种展览。有时被借调出很长时间到市里参加大型展览会的筹备工作。工厂里职工多，人数最多时达到近万人，其中有各样人才，所以厂美工组人员的业务水平不低，因此被市里选为企业业余美术活动的对外宣传窗口，时常接待国外文化代表团来访。若作为交换礼物送他们绘画作品时，按来者的级别、接待规格等，需要到外交部经过审核批准才能送出。我画的一幅黄山松的风景油画送给了联合国一位官员。

厂里还有乐队、京剧团等业余文艺团体，我们美工组要为他们画演出布景，搞舞台道具。我们时常“土法上马”，用大灯泡灌水代替凸凹镜安装在土造幻灯机上；在一般平板玻璃上涂上肥皂液，在上面用水彩颜料画成风景、建筑物等，作为幻灯片放映到舞台幕布上；还在比较深的水缸里倒入盐水，将通过电流的金属块儿，系上绝缘小绳，用人工调节金属块儿在盐水中的深浅，形成电压高低波动来控制舞台灯光等。据说这种办法出自于某建设工程中的革新项目，效果还不错。当时在工厂里虽然是以制造产品为主要任务，但在厂里还要进行政治教育、职工文艺演出等多种活动，具体操作者都是由抽调生产岗位上的工人完成的。虽然脱产去参与各种活动的人员不能不听从调动，但往往与生产车间产生矛盾和摩擦。我为了脱产搞宣传政治任务，又不影响生产，经常将白天耽误的车间工作在夜里加班完成，较好地处理了生产与宣传的关系。

在劳动人民文化宫与参加《北京市十年改革成就展览会》筹备工作人员合影

我所参加的规模大、时间长的一次宣传活动是1987年夏末北京市政府《北京市十年改革成果展览会》的筹备工作。其工作安排是除了总策划之外的文字编辑和版面设计，这项工作都是由市政府工作人员以及从大企业借调的文字编辑、美工们具体实施。在近三个月的工作中，每日往返于家里和市政府之间。因为展览的内容反复修改，甚至推翻重来，所以我设计的展板版面也像烙饼一样翻来覆去，几乎每晚加班，有时赶还不上末班车。我也曾为市园林局和石景山区园林局搞过展览，每次都费力不小。

可能是鼓励我更好地做好宣传工作，1964年10月2日大型音乐舞蹈史诗《东方红》首演时，厂宣传部长何承秀和宣传干事李允带我到新建不久的人民大会堂看演出。大型音乐舞蹈史诗《东方红》以歌曲、舞蹈、诗词三位一体的形式，概括地表现了中国共产党成立后，中国人民在中国共产党和毛主席领导下，从苦难走向胜利的艰苦历程。史诗《东方红》选择了各个革命历史阶段最具代表性的典型事件，使其成为中国人民为了谋求解放，从革命斗争到取得胜利的历史缩影。这部作品是在毛主席的关怀和周总理亲自策划、导演之下，聚集起北京、上海、解放军等众多的音乐舞蹈工作者和诗人作家，以及工人、学生和少先队的合唱团，总计三千多人创作演出的一部规模空前、气势磅礴的革命史诗。演出内容和顺序为《序曲》《东方的曙光》《星火燎原》《万水千山》《抗日的烽火》《埋葬蒋家王朝》《中国人民站起来》。参加演出的著名歌唱家有王昆、冠家伦、贾世骏、李光羲、郭兰英、胡松华、才旦卓玛等。

那一天，我初次走入天安门广场西侧的人民大会堂的正门。人民大会堂是为纪念中华人民共和国建国十周年兴建的北京十大建筑之一，也是其中最大的建筑项目。人民大会堂的正面建筑的外观呈出“山”字形，中间略高，两边稍低，长方形建筑的四个方向设门，外墙为浅黄色的花岗岩，顶层房檐镶嵌了橘黄、墨绿相间的琉璃瓦，下边是5米高的花岗岩基座，正门排列有12根直径2米、高25米的浅灰色大理石门柱。我双手触摸光滑而坚实的大理石门柱，被这座巍峨壮观，典雅壮丽的建筑的高度和宽度以及内饰深深震撼。进入会堂内，眼见参观者不少，可是宽敞的场地内没有人员拥挤的感觉。

在迎宾厅内，我的视线被一幅巨大的国画《江山如此多娇》所吸引。这一幅高约6米、宽约10米的巨制国画，由著名国画画家傅抱石和关山月所绘。据说他们是根据毛主席《沁园春·雪》的词意而创作的，画成之后毛主席欣然书写了画题。我利用演出前的空闲时间观赏这一幅画作。我虽然对中国画的特点、技法等了解很肤浅，但觉得画面的布局老到，所画的形象概括突出。尤其是右下方的山峰磐石和挺拔苍松，象征着中华民族坚强不屈的民族精神。左上部的“北国风光”让人联想到中国大地的壮丽山河，蕴藏丰硕。中间所绘广袤的田野江河海洋，则寓意中国人民心胸开阔宽容。而红彤彤的大太阳，普照中华大地，人民翻身得解放，光明前途无限。从短暂的欣赏《江山如此多娇》画作中，我多少领悟到，绘画作品不仅仅是用于装饰和观赏，它还有重要的社会功能作用。离开画作，进入到人民大会堂主功能的万人大礼堂。这个大礼堂南北宽76米，东西进深60米、高33米，内设三层座位。其穹隆顶面积跨度很大，而且没有立柱结构。礼堂内部平面呈扇形，座位层层梯升，坐在任何位置都可看到主席台。我为

礼堂的高大惊叹不已，这里恐怕是世界上最大的礼堂了。

我、宣传部长和干事的座位在三层的最前排，对演出舞台一览无余，我们观赏到一场非常精彩、感人的演出。那天除了毛主席之外，所有主要党和国家领导人都出席观看。我作为一个普通青年工人受到了难得的光荣礼遇和鞭策。从进入人民大会堂，并观看规模宏大的《东方红》演出，让我这个已经在中国生活了20多年的“另类”也感触甚多。在中国东北时，虽然还年少，我亲眼目睹了在日本侵略者统治下老百姓失去自由，吃着近似牲畜饲料样的食物，过着奴隶般的生活。抗战胜利，到了国民党时期，普通百姓虽然获得了自由，但是因为政权腐败，经济落后，整个国家状况没有得到根本的转变。只有在中国共产党和毛主席领导下，中国得解放，人民才真正站起来，做了国家主人。在短短的十几年时间里，我眼见从郊区到城里，北京市发生了翻天覆地的变化。因而我能在生产大型火力发电设备的工厂上班，才能来到这样辉煌的人民大会堂观赏演出。我要感谢新中国赐予我新的生命和新的生活，我将努力为建设好新国家而努力。

（四）养父逝去

1960年12月7日夜，我在车间上夜班，值勤人员通知我说：“你家里有急事，马上回家。”我换下工作服立刻踏上回家之路。那时不通公交车，我的自行车也不在身边，只好徒步赶往丰台。不知家中发生了什么事，心中惴惴不安，为了省时间我没走正路，从小瓦窑村走田间斜路，直接走到丰台路口。正好遇到运沙石的卡车，因为急于赶路，趁此车减速拐弯时，我扒上后面的拖车，到了丰台，看准机会再跳回地面。进了家门，看到养母和几位亲戚面色沉重地商量着什么。养母含泪小声告诉我说养父已去世。我惊呆了，在回家的路上虽然产生过某种不祥的预感，可是万没想到身处壮年，身体一直健康，热心善良的养父，怎么会突然间就离我而去了呢。

我虽然内心极度悲痛，但是欲哭无泪。忽然想起几天前的休息日，养父仰卧在土炕上，罕见地和我说起一段家常话。他最后用老家方言说："我挺想到你老家去看看，可说不定去不了了。没能让你上大学，挺对不住你的。"当时我没有在意他话中的含义，回想起来，那是养父可能预感到自己的生命即将结束，是对我的临别之言吧。此时让我回忆起和养父之间的很多往事，有一次他到市里去提货，我在家里守货摊卖东西，有一个人几乎把所有东西全买去，用车拉走了。心想今天可做成了大买卖，我非常得意。没料到养父回来一看，猜到发生了什么事，大声说："不知道今天全涨价了吗？你这个傻小子！"平时他收购到的"好东西"，像美国空军夹克上衣，日本产的、外胎是天然橡胶的高档26自行车等都舍不得卖，留下来给我穿用。他让我使用的大金星笔和德国派克钢笔，都让我在从水井里提水时，不慎从上衣兜掉进井里了。

1951年的暑期，养父特意让我跟他去河北景县老家，到养父和养母的出生地贾吕村看一看。这个村子，位于石家庄和德州铁路线上龙华车站的西北方向，是与我日本老家相似的东西长南北窄的村庄。地处华北平原上的这个村子有500户人家，当时的农作物以玉米、小米

和红薯为主。养父母家分别住在村东头和村西头。养父领我在村子里走了一圈，在他的老宅子里，初次见到武臣婶子，她正在打扫显得空荡荡的大院子。之后简单地拜祭了不大的祖坟。很大的村子里没见到正规村路和商店，只有几个不大的水坑。村子里主要树木是枣树，树上结满了红色的鲜枣。养母家的人口很多，她的母亲，也就是我的姥姥，是位黑瘦的小脚老太太，但是有一口白而整齐的牙齿。家里的大人孩子进进出出，很是热闹，其中包括当时还很年少的表弟贾彦国、彦峰、彦林、彦忠等。还见到一位身穿旗袍的年轻妇女，说是我应当称她为“斌嫂”。她的丈夫是我的贾彦斌表兄，他当时做磨芝麻香油或宰羊卖肉的小生意，我后来在丰台帮他卖过羊肉，相处得很好。养父带我乘马车去五里地之外的龙华镇赶集，狭窄的路面比庄稼地低了近一米，坑洼不平，像是行驶在河沟里。我们在每月逢五开市的集市上买了肉和其他食物，观赏路旁即将收割的玉米、小米等农作物回村了。平日里养父很喜欢吃我做的饭，认为我做的红烧鲫鱼最适合他的口味。可以说他对我的关注和慈爱程度超过了家里其他孩子。善良的他给予了我比生父更多的温暖。但是我这个反应迟钝的东西，竟然未能对两次挽回我生命的养父说过一句感谢的话，未能尽到更多的孝心。愧疚之意将伴随终生。

养父的遗体入棺后直接从阜外医院运到丰台张庄子附近的小墓地，我是从家里跟随去安葬的。棺木入土后仅仅培出一个小土堆，未立墓碑。此后在“十年动乱”的干扰下，很多年未去扫过墓。有一天来人通知说墓地的样子变了，我急忙带领林泉、林祥两个弟弟到墓地把已经被雨水冲刷为平地的墓穴做了迁移，并立了一根水泥柱子做了标记。可是几年后，在当地改建工程中，永远失去了养父的遗骨。这个不可挽回的罪责，只能由我这个不孝的长子来承担。我是从医院所开出的诊断书中，了解到养父是患了晚期食道癌，逝于做胸透的检查过程中，享年仅47岁。在他善良热心而短暂的一生中，不仅救过作为日本遗华孤儿我的命，还扶持过另一个失去父母的乡亲孤儿多玉良，也因为助人抓窃贼的事迹上过报纸。从公私合营、工商业改造后，养父放弃了经商，在丰台车站等地当起搬运工，一次工伤迫使他自谋出路，想起打鱼养家的办法。他自制橡胶裤、扣渔网罩，无论刮风下雨、身体劳累，每天都坚持骑自行车到丰台西边一个叫“渣子场”的水坑，或是去长辛店镇附近的水库去捞鱼卖钱。其实养父很早就有胃不适的症状，常吃些养胃的药物。是长期精神压力和体力消耗，加重了他的病情。壮年早逝，非常可惜。作为一个普通劳动者，在艰难的生存环境中通过多种努力，维持多子女家庭的基本生活需求，尽到了作为丈夫和父亲的责任。我们一家人永远不会忘记他的大恩大德。

（五）丰台正阳大街143号院

随着人口增多和经济条件的改善，我们从原来的四合院迁移到北边的一处大院子里。这里位于离正阳大街一段“死胡同”的最北头，所以仍然属于正阳大街之内，门牌143号。院内北边，住有养父弟弟王武臣和妻子马淑贞夫妇，还有养父大姐的三子贾怀信和妻子刘志茹及两个儿子连芳、连元；东边住的是养父妹妹王卫民和丈夫陈来顺及三

丰台正阳大街143号院部分成员

个儿子小虎、建海、建河；而南端住有我们一家九口人。院内安装了压水井，先后种植了枣树、核桃树、石榴树和香椿树等，春季香椿叶翠绿，秋日红枣挂满技。后来又搬进来孙家住户后，这里由王、陈、贾、孙家聚集在一起，成为亲戚加朋友的大院子。大人孩子加上小猫鸽子如同一家人，日子过得和谐平安。眼见孩子们长大，为了扩大住房面积，在表兄怀信的带领下，我们变成“全能”建筑工人，木瓦工等什么活都干，自己动手盖了几间居室和厨房，也修补了因为年久失修而残缺漏雨的房顶，改善了居住条件。我们曾经在院子里建起灶台做饭，举办了几次结婚典礼和婚宴。在物质匮乏生活条件较差的年代，大家利用现有条件，发挥自己的能力，让平淡的日子过得有点色彩和味道。1963年初，在家人亲友们的劝说之下，为了祭慰已过世的养父的在天之灵，也为了割断对曾经有过初恋的表妹的思念之情，我与同一车间女工姚美君结婚，住在武臣叔让出的一间住房内，以后有了儿子广田和女儿海燕。虽然因为性格不合等原因造成我与姚美君的婚姻破裂，但是衷心感谢她母亲的善良，也感谢她的弟弟祥瑞、祥意和妹妹美臣的友谊。是他们一家人帮助把广田扶养长大成人的。广田、海燕的外祖父母已过世多年，我在这里祝孩子们的母亲、舅舅和小姨一家人健康幸福。

大院子的空地越来越少，可是来院子里探望的亲友越来越多。他们是从河北老家来的王家、贾家、陈家的同辈或下辈亲戚，也就是我在中国众多的大爷、叔叔、姑姑、舅舅、叔伯叔叔，以及叔伯兄弟姐妹、表兄弟姐妹们，还有大院成员的同事同学，人来人往，可谓门庭若市。在此不能记述所有见过或来往之人，只能记下几位作为代表了。

先记一段与养父的大哥王尽臣，也就是同我大爷的有关之事。记得他从老家只来过丰台一两次，虽然我与他接触时间不长，但他很喜欢同我聊天，讲他的所见所闻。据说他小时候被过继到别的人家，还失去了一只眼睛，我很同情他。所以我特意为他用水彩画了侧面像，他非常高兴地带回老家去了。他的大儿子王振良，年轻时加入人民解放军到了南方。以后到雷州半岛的军垦橡胶种植基地，与当地姑娘结婚，又当上了部队医院院长。1953年回老家探亲时曾经到过丰台，还带了一只顽皮的小猴子。再见他时已是我去日本探亲回来之后，他带

领一家大小专程到丰台探望他的二位婶娘、一位姑妈和叔伯弟弟、表弟等人。还特意与他夫人和儿子康生到我单位家属楼来看望我。那次相见的20年后他不幸病逝，给我留下无尽的遗憾。2014年他的夫人与孩子们又来过北京，我的振良大嫂比我年长几个月，她的爷爷早年去过日本，在那里娶回一位日本夫人，也就是说她的亲奶奶是日本人，因此我与振良大嫂更近了一层，于是我认她为姐姐。衷心祝愿我们双方家族的亲情永葆常青。“十年动乱”中，养父的弟弟，也是很疼爱并扶助过我的叔叔王武臣（后改名为星明）无奈早逝，剩下婶婶马素贞独自一人。她年轻时生过两个孩子，可惜都未能活下来，后来又患了子宫癌，真是一生多难。但是凭借着她的自强不息，一直在丰台百货商场做商业职工直到退休。她不仅生活自立，还帮助各家做针线活照顾孩子。晚年虽然多病，但在全院孩子们的孝敬之下，寿至90高龄才仙逝。我们王家能来到北京丰台落户扎根，应当多谢陈家的相助。陈来顺、王卫民夫妇是我的姑父姑母，他们从我上学、工作到结婚，一直十分关注我的成长过程，给了很多有益的忠告和指导，让我少走人生弯路。公私合营后，姑父也放弃了经营多年的商店，当了供销社的职工，尽职尽力地工作到退休。现在二位老人已经到了天堂，为我们留下很多美好的回忆。我的姑表兄贾怀信，是我上小学时从老家来到丰台的。他们住在武臣叔所盖一排房的东屋。从年轻时到中年我与他相处了20余年，结下深厚的友谊。他为人豪爽，善良能干，做事有板有眼，我特别佩服他在农村时练就的出色水性，他下水空手捕鱼，一次潜水能两手各提一条鱼浮上来，让人惊叹。大院里的长辈男人过世后，就由怀信表兄成为院里的主事人，他带领院里的男孩子们盖房改善居住条件，修大门采取安全措施等，做了很大努力。令人遗憾的是，也许因为贪杯太过，54岁时的一个早晨他突然离开人世，太令人惋惜了。现在他的两个还在上学时就参军的孩子，其中的老大连芳已经退休，老二连元还在职。表嫂志茹与连元住在一起，在两个孩子家庭成员的照顾下安度晚年。

到了20世纪末，随着改革开放前进的步伐，城市改建工程的加速，我们王、陈、贾、孙四姓居住了50年的大院子，前几年已被历史的大铲车铲平了。虽然人们不得不离开留下厚重生活印记的宅院各奔东西，但是为了继承发扬上辈人持家待人的优良传统，大家相约并实施，包括我在内的王家林泉、林祥、林忠；陈家建海、建河；贾家连芳、连元和我的叔伯弟弟林英、林杰等两辈男性后代，每年至少聚会一次，共同回忆往事，交流观点信息、生活经验，加深感情，还要展望点未来。当然有时也邀请女性家眷和下辈人参加。希望这良好的创意延续持久，在和谐包容的基础上拓展视野，为实现美好的中国梦而努力。

（六）在“十年动乱”中

在所谓“文化大革命”动乱中，我也“有幸”被卷入那场历史逆流里。这里的“有幸”是指类似我这样有外国血统者会被认定是特务、叛徒之类的“革命对象”，而遭受批斗挨打，甚至会坐牢的，所以根本没资格参加“文化大革命”。可是在动乱中我没受到任何冲击

迫害，还自始至终参与了派性斗争，因此自认为是动乱中的幸运者。我们厂里在动乱不久也开始成立红卫兵，后分裂为“红色造反者”和“革命造反者”两大派群众组织。前者是所谓“造反派”，而后者自然是“保守派”或叫“保皇派”。两个群众组织为了立山头，壮大队伍，扩大影响，需要大造舆论加强宣传，急需把能言善辩、会写会画的“人才”笼络到自己的麾下。虽然“红色造反者”多次让我成为他们当中一员，我还是参加了“革命造反者”一方。在漫长的动乱中，除了在“抓革命，促生产”口号下完成急需的加工、维修任务外，大部分时间都在写大标语、画漫画、印版画等，几乎忘记了时间，忘记了家庭。动乱的初期阶段，两派组织还能联合起来，开大会批斗所谓“走资派”“反革命”等，可是随着形势的变化，两派观点分歧越来越大。当派性矛盾发展到武斗开始时，我们“革命造反者”的头头被打成脑震荡，幸亏军管会及时介入，避免了大惨案的发生。大联合促成革命委员会后，我脱产参加厂里的临时宣传组，其主要任务是24小时在厂里值班待命，随时等待毛主席发表的最高指示，有了消息立刻写大标语、放鞭炮表示庆贺。

在“十年动乱”中，除了在“造反派”掌权时，我被临时扣发过工资外，一切在平安中度过。这要得益于大企业对政策的严格把控，更是得益于厂、车间领导和广大工友对我的关爱和宽容。在家里只有养母，被单位“造反派”贴了一张《为什么收养了日本孩子？》的大字报。另外，疯狂的派性斗争造成我与前妻严重的观点对立、感情破裂，使婚姻走向终点。

（七）学习画油画

在“文化大革命”后期，联合后的两个“造反派”一致推荐我去中央美术学院学画毛主席像。当时为了大力宣传毛泽东思想，中央美术学院举办了画毛主席像培训班。参与培训班的学员是来自工农兵各单位的业余美术爱好者，由美术学院的几位教师和学生来教授和辅导。学员中大部分人没有接触过油画，所以从制作画布、做内木框、绷画布学起，再了解画笔、油彩和其他辅助工具的性能和使用方法。然后开始学习画人物画的步骤，细节的刻画，色彩的运用，表现技巧等多方面内容。学员们学得如饥似渴，老师教得耐心入微。培训班的主要负责人是美院中主要画毛主席的革命生涯内容和其他人物画的靳尚宜先生，他后来当了美院院长和中国美协主席。我们这些学员在靳先生的具体指导下着手画毛主席像。先是自做画布，用买来的亚麻布或干净的旧帆布，先涮上一层桃胶或猪皮胶，也可以涮硝基清漆等，侍干透之后再涮上带白色的底料，再等干了之后，经过刮磨平整，画布就做成了。然后将画布绷到有特殊要求的木制内框上，做完这样准备就可以在上面开始起草作画了。一般画尺寸大的画面需要先画出小尺寸的画稿再放大到画布上。据说画伟人像要求形象画的准确，所以用现代方法将形象照片，用反射幻灯机直接反射到画布上，用画笔把形象描画下来。这种画法，在当时的美术学院也是这样做的。我们也是在天色暗下来之后，用上述办法把主席像描画到画布上，之后，用松节油等稀释液把油画色稀释为类似水彩色，画出单色的，有明暗立体效果的素描画稿，要

求画得形象准确。等待颜色干透后，分多层步骤上颜色，一直画到形神兼备的效果为止。

在所有学员中，靳先生唯一一次坐下来为我正在画的毛主席像动手作修改，他边画边讲解画人物发型的整体与局部画法。当时很多学员都停下笔，围在靳先生身旁听他讲解，他说画人物的头发，不能一根一根的细画，而是要观察好整个发型，把它画成占空间感的立体物，然后在其边缘上画出部分发丝，就把接近于头发的实体表现出来了。之后又讲画黄种人眼睛的色彩运用。他说，根据黄种人眼睛发黑的特点，按人物所处光线环境，应当用黑色、赭石色和紫红色进行调配，画出比较准确的眼睛颜色。他认为我画的毛主席像色彩干净、明亮。与当时在美术界中批判所谓"黑画"为对应，被拿去悬挂在美院批判会的会场内。还有女老师邓树先生，她用手指着我所画主席像的耳朵轮廓，特别提醒我注意观察被画对象的细节，比如，看上去人耳的形状大体上都很相似，可是几乎找不出长相同样的耳朵，所以要仔细观察，要画出"这一个"独有的耳朵形象以提高视力的敏锐度。虽然是短暂的培训，但是能在中国绘画界的最高学府中央美术学院受到绘画的基础教育，对于我是一次极其珍贵的学习机会，受益终生。培训班结束后，我为厂内和外单位画了不少大幅的毛主席像和"抓革命促生产"的宣传画。

六、回故乡探亲

（一）同学提醒

我的学业分为小学、初中和高中三个阶段。从小学升到中学的只有三位是同班同学，从初中升到高中有七位是同班的，除了读初中时候是男生班之外，在读小学、高中时都是男女合班。那时候学生的年龄都比较大，不少同学小学毕业就可以参加工作，有很多在初中时就到了可以结婚的年龄。大多数同学们家里的经济状况都很差，所以不少同学中学毕业后选择了学费较少的师范，当了人民教师。我是因为高中未毕业就上了班，所以与大部分同学失去联系，是退休后逐渐和小学、初中、高中同学恢复了来往。虽然有的是相隔50余年才相见，

但仍然能一见如故畅所欲言，犹如返老还童回到了少年时。我是同窗会的召集人之一，每年坚持聚会一两次，大家除了享受友谊的温暖和愉快之外，更多的是相互鼓励，平安度过幸福的晚年。

在上高中时我有一个名叫吴树仁的同学，他是团支部书记，我是班长。我们关系的良好，并不完全是因为班里职务上的交往密切，而是因为一方面是他了解我的身份情况，另一方面是他虽然出身于铁路工人家庭，但是有一个姑妈在美国，是属于有海外关系者。这在当时是影响政治前途的重要问题，我们俩只能在背地里悄悄交流一些想法。高中毕业后他考上了当时很热门的中国科技大学，毕业之后留校任教，与他同班的上海女同学结婚后去美国求职。很不幸，他在一场交通事故中成为植物人，几年后结束了生命。在此前的1978年他回丰台探亲，见面时他忽然问我，在日本还有没有亲戚，说如果有的话，应当把家里的不幸遭遇和我的现状设法告知他们，以此了却他们多年的牵挂。我听了之后认为他提醒得很正确，也很及时。这件早就应该做的人之常情之事，为何拖延了近30年是有一定原因的。在1954年，养父的弟弟们在丰台正阳大街开了一家小粮店，我有时替他们到丰台东大街，为住在那里的几家日本居民送粮食。他们是解放军四野部队留用的后勤人员，从我养父弟弟那里了解了我的身份。有一天他们问我："我们得到通知，要求遗留在华的日本人都回国。这是回日本的最后机会，你还不走吗？"我回答得很干脆："不走。"到王家之后有一段时间，养父曾几次问我将来回不回日本，如果回去，他希望到我日本老家去看一看。我总是用学会不久的汉语告知他："不一定。"我自从加入少先队、共青团，又读了《钢铁是怎样炼成的》等文学作品，坚定了为共产主义事业而奋斗的信念，想成为一名新中国的建设者。也是为了成人之后尽孝心，报答养父母的养育之恩，决定在中国度过终生不再回日本国。所以听到1972年中日邦交恢复正常化的新闻，我的观念没有受到任何影响。那一天经过吴树仁同学提醒，我决定尽快与故乡的亲人取得联系，觉得这样做是与我回不回国不相干的正当行为，所以抓紧时间向日方写一封信，来“投石问路”。也许是决心不再回日本而产生了“日语无用”的心理暗示，在30多年间，除了平、片假名字母外，把日语忘得一干二净。这件令我非常尴尬的现象，至今也未搞清楚究竟为什么。丧失日语记忆的我，只能用汉字给故乡的和田村村长写了一封信。地址是仅凭童年记忆的汉字而写，不知能否收到。为了缓解心里的不安，所以选择在去南方做技术调研的前一天，把信投入邮箱里。

三周后，与出差归来的同时，日方的回信也到达了。我喜出望外，打开信封却傻了眼，除了可以猜出其中汉字的大意之外，看不懂其余内容。幸亏当时车间里新调来的技术科长但功溥热心地带领我去他熟悉的一机部技术情报所请人帮忙翻译了。回信人是故乡的山形县高畠町岛津助藏町长，其大体内容是：“你受苦了，你的祖父和外祖父家都有健在的亲戚，可以直接与他们通信联系了。”（后来去探亲时得知，当地已废除了村级基层单位。我的外祖父是最后一任村长。他临终时曾对我姨母们说：“宏一给我写过信，只要他活着，会来信的。”）我按岛津町长提供的信息分别给姑母和姨母们写信，简要告知了我一家人的遭遇和自己的现状，还随信寄去我的一张大照片。可能是她们需要找人把信翻译成日语，所以两个月后才收到回信。后来

听说，我每次给姨母们写的信，因为居住地的不同，要从山形县高畠町或从神奈川县镰仓市转寄给住在神奈川县川崎市大姨母的女儿镜玲子，由她请一位台湾人译成日文，再复印若干份分寄给各家，因此回信很晚是自然的了。我先后收到我的姑母和三位姨母的信。姑母的信上说，很高兴你被中国人收养并健康生活到现在。现在官方也了解了你的情况，报纸也登载了你的照片和来信内容。这边正在办理恢复户籍之事，希望能早日见到你。并随信寄来她一家人的彩色照片。我的大姨母由她的三女儿玲子代笔，二姨母花子和三姨母梅乃分别写来信，简要介绍了她们的生活状况，也寄来各家的照片，并都注上了每个人的姓名，花子姨母把她多年珍藏的我们一家人老照片也寄来，让我非常感动。姨母们都说希望在她们有生之年，能尽早见到我。大姨母和玲子在信封里放进一万日元，说是让我给养母买礼物。

收到来自隔海日本的敬意，养母很高兴。而在我这里，有一位小学时的罗纯卓老师，他曾留学于日本东京明治大学。所以我请罗老师做指导，再查《日汉字典》，就可以基本上能看懂日方来信了。但是在我去探亲回来之前，一直是用中文给日方写信。姑母和姨母们在信中提出，为了在有生之年能亲眼见到我，要求我尽快回日本一次。我虽然早已决心不回日本，但是不能断然拒绝长辈亲人的愿望。还有，在我内心深处也存在着对幼时亲人的思念之情。此事与养母家人和其他亲友以及单位领导、同事们商谈后，大家一致同意我回日本故乡探亲。

（二）出行前后

中日邦交恢复之后，在一衣带水的两国之间，相互往来不应当是太费周折之事，可是到了我这种“另类”身上就不那么顺畅了。在日本方面，因为战争的原因，未按政府所规定年限归国的人们都被判定已死亡而注销了户籍，我们家六口人的命运就是这样。所以我想回日本，就需要由亲戚们证明此人的存在，并通过法院的判决认可才能恢复户籍，否则不能成行。另外，在当时像我这种身份的多数人都是携带一家人回国定居的，因此亲戚们也认为我也与别人相同，并非孤身一人回去。所以他们不仅要准备住房，还要找个合适的职业等，必然占去了不少时间。

在国内的我，主要是想恢复已失去的语言能力，从零开始听广播、读课本，进展缓慢。此外按照养母的意愿，把上山下乡中去了迁安铁矿的林祥弟弟和去了大台煤矿的林忠弟弟调回北京城。为了他们调动之事，我先乘火车，又转长途汽车到了河北省迁安县，属于首钢的迁安铁矿。我与林祥所在车间领导们说明原因，没想到他们很通情达理，很痛快地同意把已经成为生产骨干的林祥调回北京。但是出人意料的是林祥已经有了女朋友，此事就暂时搁置起来，几年后成为夫妻的二人才调回北京。林忠的工作调动也很顺利，我没有去他上班的大台煤矿，而是先找到调入他的单位。事情是这样：我所在北京重型电机厂的一位车间干部，调到北京蓄电池厂当了厂领导。我与他比较熟悉，也曾为他所去的单位画过一幅大的宣传画，再加上他们单位也

很需要新人，所以一张协商调令就把小弟林忠调到了位于丰台的北京蓄电池厂。此外，我还要与已感情破裂的前妻办理离婚手续，准备出国服装行李和礼物等，前后用去两年多时间。

根据当时的出国热，大多数人都认为我不再回来了，养母家人和亲友们也希望我回国定居。临行前养母握着我的手说：“你对我们家的义务已尽完了，放心走吧，不用回来了。”我听了这话，心中涌出阳光般的暖流，对养母的慈爱和宽容充满感激之情，但还是明确告诉她说，我一定会回来的。

在厂党委书记周鹤良、厂长孙济民等领导的特别关照下，厂里按出国人员待遇发给我500元的置装费，这是绝对没有想到的事情，这笔相当于我一年收入的现金，让我有能力非常体面地回日本探亲，很难用语言表达我心中感激之情。党委书记对我说：“只要你回来，我给你写一篇文章上报纸。”在我准备出国期间，得到了厂里组织部门、人事部门、保卫部门等有关单位，还有设备科机修车间领导们的大力支持，我很顺利地得到了护照和飞机票。在临近出发之前，厂工会主席及工作人员和厂工美组的画友们，特意在北京烤鸭店为我举办了盛情的欢送会，一起拍合影，还送我很多画作和大家签名的相册作纪念。

还有，我在办理离婚时，应对方要求，需一次性付出1600元的孩子抚养费。除了我养母一家人给凑了400元以外，其余是好友但功溥、章一飞和王跃分别借钱给我的，帮我解了燃眉之急。当时我的月工资只有四十元零一角，没有其他的收入。他们三位对即将出国，不知前途如何之人，拿出家中好不容易存下的积蓄进行支援，这种难能可贵的情谊和信任，让我感激不尽，终生难忘。

北京重型电机厂工会领导与美工组成员为我出国探亲举办欢送会之一

北京重型电机厂工会领导与美工组成员为我出国探亲举办欢送会之二

与友人但功溥（左三）、王立缘（左二）、章一飞（右一）合影于但功溥家客厅

1981年5月20日上午，家人、单位领导和很多朋友们亲自到机场为我送行，我满载人间的温暖飞上了蓝天。在现代喷气式飞机上，我眼望已经生活了40余年的中华大地，回顾所度过的岁月痕迹，它犹如一幅幅冬春夏秋四季画面，在内心深处显现。在10岁上下，我在冬季严寒刺骨的冰天雪地里失去了家人，丧失了一切，危在旦夕。10岁过后，进入鸟语花香，阳光明媚的春天，我有了温暖的家，有了再生父母亲。迈入30岁，在蓝天白云，雨量充沛的夏天，我如同一棵阔叶树，树干枝条象征有了些知识、生活积累，树叶下的阴凉表达我能为社会做出点贡献。到了40岁，我似行走在金色田野，穿梭于层林尽染的林海，我为多年来能得到党和国家的关怀，获得亲友同事同学们的

爱心和友谊而感到幸福。这一切又像是一条小船，从惊涛骇浪驶入平静的港湾，受到保护，有了希望。现实让我踏实安然。飞机，这金属的大鸟，人类飞天梦的产物，飞吧，飞向我梦中的故乡。

（三）回到故乡

飞行四小时后，到达了日本东京成田国际机场。我真想在双足踏上这岛国的土地时放声大喊："我回来了！"可是没有获得这样机会。因为我带的酒类礼物比较多，过关时要开箱检查，所以我最后才走出海关，看到来迎接我的六个人排成一行在等待。我身穿北京红都服装店师傅裁制的笔挺蓝灰色毛料中山服，手持两个档次还不算低的旅行箱出现在他们面前。可能见到的是意想之外的"宏一"，他们都睁大了眼睛。我心中暗想，没有给中国丢脸吧。他们之中有人用我的照片确认之后，默默地把我领进一家饮食店。店员在每人面前放了一只像是小罐头样的东西，我不知是何物。等他们用手指拉开罐上的引拉环，并把小罐送到嘴边，我才小心地模仿别人的动作，初次品尝到味道怪异的美国产可口可乐。其间，我和他们都哑口无言，静悄悄。尤其是我，竟然处在近似木讷状态而不知如何是好。本来在我上衣兜里带有曾经在日本东京明治大学留过学的小学老师罗纯卓特意为我写好的见面问候语，没有派上用场。时隔不久才了解到，那天到机场来迎接我的人当中有童年时就了解我的一位姨母荒梅乃和与我同年的玩伴表弟白石真市，手拿我照片的是姑表兄斋藤六郎，还有大姨母家的

两个表妹镜娟子、玲子和一位开车的邻居添川谦作先生。我乘上他们开来的私家车，从机场驶进宽畅的车道，道路两边是高低多变整洁多彩的建筑物。眼前的景色让我感觉到是来到了与北京有很大不同的另外一个世界。后来汽车开上我从未见过的高速公路，尤其是从道路的高处看低处的车流如滚滚洪水，见到了现代化交通的规模状况。车速虽然不低，但是到了夜间，才进入感觉很陌生的“家”门。看来像是我姑母的老妇人跟我打了招呼。随后，与这个人数不多的“家人”无言地吃晚饭。也许是四十多年的隔阂造成的生疏，对当天所见之人没有产生多少亲切感。

在日本成田机场与来迎接我的亲戚合影，前排为姨母荒梅乃和姑表兄斋藤六郎，后排为表弟白石真市和表妹镜娟子

当晚，躺在记忆中才能感觉到的榻榻米上，可能是唤醒了蒙眬的儿时印象，这一天之内的经历，究竟是梦还是现实？幼小时随父母经过近十几天才到达陌生的国度，而如今，当天就回到了我的故乡。这里是我父母的故土，是渡部宏一出生的地方……这一夜我睡得非常踏实沉稳。次日清晨醒来，我急忙爬到落地玻璃推拉门前，注视房后远处笼罩在薄雾中的青山和杉树林。看到眼前的稻田、小溪流和鱼池，这才让我瞬间感觉到真的回到了自己的故乡，回到了童年生活过的地方，心中涌现出难以用语言表达的感慨。这个地方，原来是我们渡部一家人幸福生活过的地方，是那场可诅咒的侵略战争夺去了我的父亲母亲和弟弟骏的生命，妹妹登美子和小弟秀策下落不明。现在只有被再生父母救活的宏一我，孤零零地站在这里。我独自走出门外观看，原来的房屋和周围的环境有了些变化，老房子已翻盖为略带洋味的住宅，房子的西边还有接出的两间房屋，尚未完工。房前的稻田边铺上了水泥路，西边的大储藏房没了踪影，原来的两个鱼池也仅剩为一个，但是池子里有不少鲤鱼在游动。

第二天上午，这家的女主人，也是我的姑表嫂带领我到原来的村子各处走了一遍。我看到除了道路铺成水泥地，大部分住房进行过翻盖或改建之外，与我童年时所见村子格局没有大的变化，只是感觉北边的沙河变窄了，河上架起了一座木桥。我外祖父家的庭园还是老样子，只是旧房的房顶覆盖了一层金属板材，外墙和门窗也做了加固或换成了新的。我还惊喜地发现了一段幼小时往返于祖父和外祖父家的抄近小路。见到这一节掩藏在草丛中的小路，立刻在眼前浮现出母亲年轻的身影，是她时常背着我或手牵我的小手在这里走来走去，她那

暖暖的体温永远地留在了这里。我深信是她的在天之灵在冥冥之中一直在保佑着我，让我在九死一生的境遇中闯过鬼门关，也让我在最无依无靠时刻遇到了善良的中国爸爸妈妈，才能生存到今天。“母亲，今天我安然地回到故居，站在您常领着我走过的小路上，希望您和父亲的在天之灵能感知归乡的宏一无尽的思念，也请体会我这个成为战争遗孤传奇般的命运……”。站在那里，我也记起中国父亲曾经表达过想到我的故乡看一看，了解他曾赋予了两次生命的大儿子幼年生活过的地方，如今未能实现他对我提出的唯一希望，是我人生中最大的遗憾。我到“家”后的第三天晚间，在町政府工作的姑表兄斋藤六郎找来能做日汉文字笔译的大野清雄先生，又请来包括从镰仓赶来在内的三位姨母，让我较详细地笔述家人遭遇等情况，以便更多地对我有所了解。再过一段时间，我开始能用手语加单词与人交流，逐渐了解了亲戚们的基本情况。

原来我父亲继承了渡部家祖业，之后他带领我们家人去了开拓团。此前他的姐姐与丈夫离婚，带领两个孩子回娘家，不久就住进我们家走后空下来的老宅子里。按日本老传统，已经出嫁的女人改称为婆家的姓，是不准再回娘家的。二战后，因为我们渡部家人没有人回去，根据日本特别法律，把渡部家的房产、土地等都划归了父亲的姐姐斋藤家所有。当得知渡部家的长子宏一仍然活着，而且是有继承权的，所以斋藤家虽然不希望我回去定居，还是很大方地接纳了我，并且加盖出两间居室，等待我一家人去挤住。

在探亲期间我与他们没有提及财产问题，但明确告知我没有回国定居的意向。这样斋藤家就放心多了。首次探亲，我在日本逗留了

14个月，此后多次短期探亲的大部分期间都食宿在那个家里。他们也把我的名牌挂在了入口处，当然我也尽力帮助他们家做些种蔬菜、插秧、收割稻子等自家农活，还用电锯、斧头等工具准备烧锅炉用的劈柴。其中最令斋藤家满意的是我们夫妻为他们家因为职业是厨师而尚未娶妻的二儿子斋藤二雄，在北京找到了满意的新娘。

这是一件很巧合的姻缘。二雄的母亲，也就是我的表嫂斋藤贞子，少年时曾跟随她一个亲戚来过中国东北，有过一段与中国人交往的经历，所以很喜欢中国人。她想通过我们的关系找一个中国儿媳妇。那时正好北京的一个姑娘李家宏托人找我们说想嫁到日本去。其实独身惯了的二雄并不想结婚，于是他母亲强拉着儿子到北京来相亲。贞子表嫂到来后，首先看望我的养母，她代表斋藤家向我养母表示感谢，并宴请了包括我岳母在内的家人。来京的次日，到李家宏家拜访她父母，虽然她父亲对女儿嫁到日本表现出不太高兴的样子，但是没有表示反对，所以下午我们约家宏一起去了北海公园。家宏在读初中和医校时的外语课都学习了日语，所以应当能用日语做简单的交流，但是她没有开口说话。二雄在场表现得不冷不热。我们正在为不知如何撮合他们而愁眉不展时，家宏突然抓住二雄的手，跑向了去白塔的台阶，等他们回来时已经是笑容满面，一见钟情了。后面就要办理婚姻登记手续。可是二雄任何证件都未带，只得到驻华日本使馆补办独身证明，然后是须做涉外婚姻的身体检疫，看检查结果需要等十天以上，但二雄的假期只有一周，在相关部门和出租车司机的大力协助下，终于在二雄假期的最后一天的下班之前办好了结婚登记。在机场临别时，女孩儿还流下眼泪，可见感情发展很快。

此后，二雄再次来京迎接新娘，在北京烤鸭店举办了隆重的婚礼。到了日本，按当地风俗又举行了一次盛大婚礼，收到当地官方和各界代表的祝贺。因为受当时的条件限制，新娘父母不能前往日本，所以我和老伴临时做了娘家代表。我觉得当地的结婚程序与中国的相差不多，但是增加了以演小话剧的形式介绍新郎新娘的恋爱过程。还特意安排了放幻灯片的节目，一边播放北京市街景的幻灯片，一边让我以天安门为重点解说片中的内容。婚礼中，对喜宴的摆放是：在每位客人面前，摆上特制的小饭桌，在形状各异的瓷器里，盛上精制的食物，每人一份，吃不完的可以打包带回，既卫生实惠，也不浪费。最后给各位来宾赠送了一套精美的瓷器。此后斋藤二雄和李家宏组成了幸福美满的家庭。现在他们的男孩子上了大学，女孩儿在读高中。

在斋藤二雄与李家宏结婚典礼上的合影

后来，除了斋藤二雄之外，我与老伴又促成两个高畠町的高龄青年和愿意嫁到日本去的北京女孩结为良缘。我对中方嫁出去的准新娘们都详细介绍日方的生活习俗、礼仪、饮食等常识，又根据当地实际生活需要，编辑了简易日语词汇手册送给她们。嫁出去女孩们很快适应了当地环境，有的已成为了公务员。

我姑母的儿子斋藤六郎是公务员干部，但观念守旧做事刻板。因为他的收入比较高，加上家里的粮食蔬菜自给有余，花钱比较大方，比方用10万日元买一套西服，乘飞机坐头舱等。但是，还是很感谢他在我两次生病时及时送我去医院，使所患急性肠梗阻和急性肾炎得到治愈。通过去医院，我了解到日本的急救车是与消防车编制在一起的，这种做法也许是为便于管理和提高效率吧。我的姑表兄六郎，他除了认真做好自己的本职工作外，便沉溺于嗜酒之中。似乎在他的眼中我只是个在某种程度上需要关照的对象，所以我和他之间没有过正常的交流。与这种状态不同的是我和他的当空军地勤的大儿子斋、二儿子二雄、入赘去别家做女婿的老三光雄，还有我的姑表姐道子都相处良好。

应当特别记载下来的是我的姑表嫂贞子姐。在日本，新娘进入婆家之后自己原来的姓就要改为婆家的姓氏，成为新家的正式成员，所以新郎的弟弟妹妹们称呼新娘为姐姐而不叫嫂子。她出生在离当地不太远的深山里，小学毕业，是家中“七仙女”中的三姐，健康豪爽，善良能干。她待我像小弟弟，出门过马路牵着我的手，在寒冷的冬日，找来扁圆的大卵石用火烤热为我暖好冰凉的被褥。一次到她带我到离仙台不远的石卷市为临时住在老丈人那里的大儿子斋搬家，夜里

担心我在不熟悉的住处不方便，她睡在旁边便于照顾。

同表嫂斋藤贞子参加故乡旅游团，在山形县县政府与县长留影

为了更快更多地让我了解山形县的现状，贞子姐特意报了一个旅游团，带我参观了修建在一座山顶上的休闲公园、规模很大的民俗资料馆和残疾人生活中心。好像当地把残疾人都集中生活在一起，我在几次探亲过程中，无论在何时何地都未见过残疾人。我还游览了很现代化的山形市市容，观看县政府大楼内以交通指挥中心为主各职能部门的工作状况。最后全体游人与县长合影留念。这些活动增加了我的阅历，也让我提高了独自出行的经验和自信。贞子姐在管理好自家稻田和菜地之外，休息时还拿出纸和笔耐心教我日语，比如在当地的方言里，表达谢意或晚间的问候语，与标准语言有很大差别，还有她种

植的蔬菜和当地的野生动物中有我不知道的名称等，都用笔写下来，让我记住。她还介绍待人处世等生活常识。

在贞子姐这样热心亲人们的关怀帮助下，我在比较短的时间内适应了在故乡的环境和生活，基本上可以在日本国内自由行动。在后来的探亲中，我当了“临时导游”，带领贞子姐和我的老伴到大阪、京都和奈良旅游，并拜访了斋藤道子表姐。说起当地方言，人们称之谓“东北弁”，可以说是日本东北地区的口头语。我在乘坐日本东北新干线列车时，注意到一种有意思的现象，那一趟列车由东京发出，到了福岛市要分开，有几节车厢去仙台方向，其余的是开往山形市的。乘客中的山形县人，在到达福岛之前都小心翼翼地用标准语交谈，一旦离开福岛车站，列车上的乘客们觉得可回到自己家了，于是开始用当地方言说起话来，声音也大多了，我听了后暗自发笑。贞子姐从春季到秋季时常与人结伴到山里去采野菜。在春夏季，主要是采回蕨菜和各种菌类；到了初秋是专门去采拾在当地甚至在日本全国都著名的一种松蘑，这种日语叫“松茸”的蘑菇，个大味香，是日本人珍贵的食品之一。秋天在高畠町的红松林里，可以采挖到不少长成七八百克重的大松茸。但是为了保护资源，限制乱采，当地有关部门对采挖者采取了发许可证和指定采挖日期的措施。贞子姐是当地“松茸名人”之一，她在运气好的日子能采回三四公斤大小松茸，真是值得好好庆贺一番，要知道松茸的每公斤价格是五六万日元。我能较长时间住在斋藤家，与贞子姐细心照顾有很大关系。非常遗憾，这样一个热心能干的好人竟然被胃癌夺去了短暂的生命。临终前她口述写了回忆录，并且把遗体捐献给了山形县医科大学做

科研。

与大野清雄先生和表嫂斋藤贞子合影

我回故乡时，外祖父母早已过世，当时尚健在的有四位姨母和一位舅舅，另外还有十几个表兄弟姐妹。他们中多数人熟悉我幼年时的状况，所以待我格外亲切关照。其中三位姨母知道我离婚时欠了外债，很快凑足30万日元替我还清了债务。她们还担心我回去后不能入住原来老宅，特意准备了另外的落脚处。此外，还为我选定了照顾后半生生活之人，可见她们的良苦用心。其中我母亲的二妹梅乃姨母，她少年时得到过我母亲的照顾，对我在外祖父家出生时的情景细节记得非常清楚，所以对我更是疼爱有加，在我再次踏入外祖父母的祖宅时，她特意安排我在出生时的位置睡下，而她陪伴在我身旁而卧，让我体验到婴儿时的甜美梦境。三位姨母对待我像是她们自己的孩子，她们为我添置了多套西服、内衣、睡衣。在我突发肠梗阻时，二姨母在医院陪护。待我痊愈后，她领我去探望在开拓团时的邻居新野先生，又带我去见到三姨母静的婆家亲戚。在后来的一次探亲当中，她突然患重病而逝去。我也被邀去参加她的葬礼全过程。我与其他几十名近亲先到达火化现场。这是一处在高畠町附近山脚下所建小殡仪馆，只有一个火化炉。火化前，人们与安置在专用棺柩里的遗体告别。以梅乃姨母为首的众人含泪作了告别，遗体被推入炉内后，人们进入接待室。室内备有食物饮料和酒类，人们又吃又喝，甚至大声喧哗，好像感觉不到悲伤的样子，我很不习惯这种气氛。

约两个小时后火化结束，我们见到的是一具完整的白色遗骨。首先由逝者最近的亲人用专用筷子把主要遗骨放入骨灰盒，之后按关系远近顺序，将遗骨全部收集完毕。然后，全体移到墓地，安放骨灰。此后是最近的亲戚们到寺院参加为花子姨母做的诵经活动。因为花子姨母唯一儿子成为他妻子家寺院的主持，所以当天请到几位著名大寺院的主持，诵经过程很体面隆重。三位姨母在我首次探亲和以后

的多次探亲中，给予了我母亲般的温暖，在经济上和生活上都给予我和老伴很多帮助，每次回到中国之前她们都不忘记给我养母送些礼金。

梅乃姨母的家是我在日本的另一处长住之地。她的丈夫荒正志是日本三菱公司的高管，他们家住镰仓市比较高档的住宅区。镰仓在东京南部，是日本古都之一，也是著名旅游胜地。如果从东京乘城铁到镰仓，需用45分钟，然后再转乘独特的悬挂式电车才能到达建立在山林之间的别墅式房屋。悬挂式电车是我见过的特殊交通工具，它是沿街道的边缘上，立起较粗的水泥柱，在柱子上架起铁轨，然后把客车箱悬挂在轨道上运行的一种电车，行驶起来，除了在转弯时有些摇晃之外，感觉还算快速、便捷。也许，这种充分利用狭窄街道上空开发出来的交通设施，是仅在岛国的日本才有的吧。

我的这位姨夫知识渊博，多才多艺，兴趣广泛。他业余时间去登山、滑雪，搞摄影、篆刻。与大多数日本丈夫们不同的是，他还下厨做饭，能做出一桌色味俱佳的日本料理。他最拿手的厨艺是做生鱼片，他用娴熟的刀工切出的金枪鱼、鲷鱼、章鱼、鱿鱼等生鱼块、鱼片、鱼丝不亚于专业厨师。他为了能让我做中国菜，特意从横滨市的唐人街买来大炒勺。还给我买过他们平时不吃的猪蹄、蒜苗等。在假日他与梅乃姨母带我去东京、镰仓各处参观游览或购物。他们首先带我去瞻仰镰仓大佛，这尊坐落于镰仓市海滨青山中的铜铸坐佛，始建于日本中世纪镰仓幕府时代，是当时镰仓成为日本政治、经济、文化中心的标识物。大佛最初的主体为木结构，因被大火烧毁，后改为铜铸高11.5米、内空的佛像。现在游人可以从其后面底座入内参观。我进到里面，感觉是到了一处大山洞之内。据说这是日本三大佛像之一。此后又乘悬挂式电车到藤泽市的湘南海岸去游览当地的“江之岛”，这座岛距离海岸约一公里，原来是与陆地相连的，后因海水上升而脱离陆地形成岛屿。现在修有宽畅的水泥路方便人们来往。江之岛是1964年东京夏季奥运会帆船比赛场海域，在休假日有很多白色小帆船，在蓝色海面上驶来驶去。

这个岛从远处看，很像北京新建的国家大剧院，总体像是个翻过来的大锅底。我沿岸边转一周的长度，大约有两千米。岛上设有瞭望台，可将江之岛周围美景尽收眼底。运气好时还能观赏到清晰的富士山。岛上供奉着有名的掌管音乐和娱乐的女神辨才天，她是日本神话中的福神之一。

我在岛的山顶上，见到中国云南昆明市与日本神奈川县藤泽市合建的纪念亭，这是为纪念中国著名音乐家聂耳所建。聂耳于1912年2月14日生于昆明市，1935年7月17日，逝于日本藤泽市海滨次溺水事故中，其位置就在江之岛海域。1981年，也就是我初次探亲那年的秋季，昆明市与藤泽市缔结为友好城市。游览结束后，我在眼花缭乱的礼品街，买到几盒美丽的原色小海贝标本作为送人的礼物。

有时，姨父母也让我品尝日本特色料理。如日式火锅，虽然是以各种蔬菜为主，调料也和中式火锅有很大差别，但荤素搭配的吃法有利于健康。有一次他们请我吃生鱼片，我们在著名的东京银座大街附近，进了一家其貌不扬的小店，老板站在不宽的柜台之内，他前面是长条玻璃冷藏箱，其内摆放着各种海鱼、贝类、海胆等生食海鲜。食客坐在柜台外简陋的木椅上，看着海鲜，自己选择想吃的品种和数

量，老板现场加工递给客人。可以说是吃到了最新鲜的生鱼片。这种品尝式的吃法，三个人竟花了五万多日元，比在高档饭店就餐消费高多了。如果休息在家，姨父拿出字典和其他读物来教我语言和有关知识。我与他相处，可以了解日本社会各方面的现状，提高了在日期间的适应能力。我在去探亲之前，的确很用心地重新学习日语，虽然觉得掌握了不少词汇和日常口语，但到了自己的故乡竟然“卡了壳”成为哑巴了。这就是仅靠看书、听广播的学习方式，没有交流和应用的实际经验是不能派上用途的。所以到了当地之后，我在与人接触的场合或看电视时，注意别人的发音和有些常用的词汇的用法。我随身带着小词典，必要时立刻查阅重复出现又不熟悉的词汇。比方在居住于梅乃姨母家楼上的一天早晨，姨母让我把什么物件拿到楼下去，我不知道那个“物件”是什么东西，马上翻开词典才知，原来是垃圾筐。通过我的贞子姐和梅乃姨父的耐心辅导、纠错，我在较短时间里能与人做日常会话了。我每次在镰仓逗留期间，注意到当地高级职员的妇人们相互问候或交流时都使用规范的“敬语”，发音也清晰动听。还有，她们的文字书写也得相当漂亮，有的可以当做范本了，可见文化修养的程度之高。

梅乃姨母也喜欢登山，她登完了日本百座名山中的90座以上。有一次，我也应邀参加她们的登山活动。那天去的是东京西南部的一座叫“大山”的山峰，有十几位老龄男女登山爱好者，约好在山脚下集合，领队是身高一米五左右、86岁的老太太，每人都用双肩包背上食物和饮水，有人拿着登山手杖。我在队伍里是小字辈了，身背五六斤姨母煮熟的糖煮栗子，是要分给大家品尝的小礼物。虽然那座山不到

1300米，但是有些地方坡度较大，所以爬起来不轻松。到了一节独木桥的地方，我想帮扶一下领队，可她谢绝之后很轻快地走过去了。接近中午时，登上山顶，虽谈不上一览群山小，还是能让人心旷神怡。我瞭望远处的房屋湖泊，边吃着紫菜卷饭，边回忆起年幼时跟随父母去野游时的情景，很怀念那段无忧无虑的时光。姨母还是业余油画爱好者，她与几位邻居聘请一位专业画家，轮流聚在各家学习油画，每周学画一次，她们边画边聊天，其间也吃也喝，与其说是学画，倒不如说是聚会式的休闲活动。我也被邀参与其中，与大家一起写生，结识了新画友。

我原单位的厂团委书记张建发与我是忘年之交，他到日本研修时，我介绍他到我梅乃姨夫、母家去做客，他去了之后包饺子、介绍中国的情况，大家相处得很好。梅乃姨母来京时，建发开车带她到香山、植物园等地旅游，她特别开心。姨夫和姨母待我像他们的大孩子，供我吃穿住行，零花钱不断，让我有些“乐不思蜀”了。在后来的探亲当中，梅乃姨夫、姨母从一位东京迪斯尼乐园的股东那里获得两张免费入场券。因为时间关系我自己乘车去了位于东京东边千叶县浦安市的迪斯尼乐园。这座乐园于1983年的东亚最大的迪斯尼乐园是美国与日本合建的，基本上仿照了美国迪斯尼乐园的样式，所以西洋味十足。在入口处，迎接来宾的是两位身穿男女童装的米老鼠。进园后在近乎一尘不染的人行道两旁见到了出现于童话故事或某种梦幻世界的色彩鲜艳、造型奇异的建筑物，其中最引人注目的是高耸的灰姑娘城堡，它是迪斯尼乐园的中心。环绕着它建有假山、水池和多种展馆及娱乐设施，还有小火车、游览汽车、客船等交通工具行驶在各

处。但是我一直在步行，像个大孩似的东张西望，沉醉在童话般的世界里。

到了中午，我与游客同样排队买了盒饭就餐，在吃饭当中，发现座位下有几只小麻雀在蹦蹦跳跳觅食，它们一点也不怕人，我很感叹人与小鸟和谐相处的景象。午后我还观赏到了运载米老鼠家族、白雪公主和七个小矮人等童话人物的巡游彩车。但是因为不愿用长时间排队入场，所以没有看到一些室内演出和展示。到了准备出园时，眼见很多游客好像是家庭成员聚在一起坐在路旁等待着什么。我从路人谈话中听到晚上还有彩车演出，因此我也留下来，等到夜里八点之后，在挤得满满的人群里勉强看到编织成恐龙、大猫、天鹅、花卉等色彩斑斓的发光彩车。回到镰仓已是深夜11点了。

藤泽市“江之岛”

在湘南海岸与荒正志姨父、梅乃姨母留影

镰仓大佛

我老伴与梅乃姨母和她女儿荒真理在聂耳纪念亭前

东京迪斯尼乐园之一

东京迪斯尼乐园之二

在镰仓与梅乃姨母及油画爱好者们合影

我与外祖父母家的众多表兄弟妹们相处得格外融洽。我回故乡后才得知外祖父姓白石，他前后有过两位妻子，共生下两男六女。之后就有了近30个孙子辈男女孩子。我大舅白石春一的长子真市是比我小几个月的童年玩伴，我一直认为他的名字是写成汉字的“进一”，原来在日文里，“真市”与“进一”的读音是相同的。我与他虽然多年隔海未见，并且二人的性格相近，同样不善言词，可是一旦相遇如同两股溪水汇成的小河流，互述衷肠话语不断。他住在百年以上的祖宅里，也是我出生的地方。高而宽敞的室内，虽然经过了改造和装修，仍能看出旧时的痕迹，让我回忆起历历在目的童年往事。真市表弟从年轻时就继承了祖业，终年操持大片稻田和葡萄园，农忙时从清晨劳作到深夜。冬季农闲时还要出去打短工，唯一的享乐就是晚饭时饮几杯清酒。

后来他带领几个妹妹和她们的丈夫特意到北京看望我，这是他一生中难得的远行。再以后，带我老伴去探亲时，他更是对我们多方关照，开着他的七人坐大轿车，到仙台机场接送。他还不顾农忙时节的繁忙，抽空开车，带我们夫妻去欣赏大理花公园花展，还到与山形县相邻的福岛县，在有名的“东山温泉”享受温泉浴等等，极其热情，让我很不好意思。因为没有继承人，真市表弟至今仍然与老妻带病耕耘不休。这就是部分日本个体农民的现状。我的大姨母姓镜，她嫁给当地从事养蚕的大户人家，生有三男三女。她性情温和，身体健康，九十多岁时还照看重孙子，享年98岁。她的三女名叫玲子，比我小两岁，因为年轻时遭遇严重交通事故丧失了生育功能而未婚。据说在我回国之前，几位姨母们为了能让我长期在日本生活，商定由玲子与我相伴，照顾到终生。幸亏我在临出国前与老伴办理了婚姻登记，否则很难越过众多长辈们的人情关。

镜玲子的工作、生活能力都很强，为人善良热情，家住东京南部的工业城市川崎，在一家金属表面处理工厂工作，她也很喜欢绘画，画的《安全生产》等招贴画很有水平。她还养了一群名狗做她的孩子。我到她家串门时看到摆有很多罐头，以为是人吃的，其实是七八只小狗的食品。同时也见有形状各异的奖杯奖柱，很醒目，玲子说都是参加比赛的小狗所得。我与老伴探亲时住过她家，休息日她开车带我们去串亲或旅游购物，提供了很大帮助。首次探亲时，她介绍我去日本东芝发电机厂参观，虽然也是制造大型火力发电设备的工厂，但与北京重型电机厂相比，显得作业空间窄小，金属切削加工设备陈旧。因为她性格豪爽，能吃能喝，交友甚多。每次探亲相见，都让我与老伴为她包水饺请客，无论做多少都被她的朋友们连吃带拿一扫而光。

（四）在东京打工

在初到故乡的几个月里，我在亲属和友人们的关爱之下往返于城市与乡下之间，或聚会或出游，每日在从未有过的兴奋中度过，所以仿佛一夜之间就到了山色灿烂的秋天。

自然，日本北方的冬天也要到来了。有一天，小姨母鹤子的丈夫皆川安之助姨父对我说："乡下的冬天雪大又冷，与其困在家里无

事可做，还不如跟我到东京干活打工去，可以更多地了解日本社会的现状。”的确，那里的冬季漫长，农民有近半年的农闲时间，所以有些农民到东京去“出稼”，即当合同工去赚钱。有人已经坚持了十几年，每一次大约半年的打工收入可以购置一台小卡车或插秧机等较大的农用设备，对维持个体农业很有利。

在安之助姨父的带领下，经过健康体检和官方职业介绍所的推荐，我跟随小姨夫和他的两位同乡到东京一家商店去打工。那是位于东京北部北区，板桥车站附近的一家私人独资百货食品连锁超市，有七八家分店和三四百名员工。因为我不大通语言，被安排到商店总部的货物配送中心，其工作内容是：上午接收批发商送来的货物并且分类摆放，下午按照各超市分店的订货单装车送货。和我一起干活的有包括刚大学毕业的董事长儿子在内的八个年青职工。他们热情敬业，活泼能干，尤其是董事长儿子处处照顾我这个“年长者”，重活他抢在前面。当然我也不能轻易输给他们，闲下来时主动整理场地，打扫环境等，尽心尽力，很快和他们打成一片，还应邀参与他们举办的“忘年会”和“迎新会”，就是辞旧和迎新聚餐会。紧张的劳动告一段落，他们用塑料大骰子掷点子，点数小者拿出1000日元去买早点分吃。我从不参加这种游戏，可是他们每次都分给我一罐咖啡饮料，所以我偶尔也“请客”一次。我和几位从乡里来的合同工共同住在董事长的宅院里，是闹中取静的地方，环境和住宿条件良好，只是需要自己到街巷的公共浴池去洗澡。当时让我很纳闷的是，我们去的私人浴池，虽然是男女池子用高墙隔开，但是，老板或其他家人，不定期地坐在像是排球裁判员坐的架子上，观察两个池内的情况，觉得未免太过分了。

我们打工人员的早餐是在职工食堂里自做自食，其余两餐吃在食堂，食堂的菜肴分两种，一种是每人一份的，如牛排、烤鱼之类，另一种是随便吃。经常有批发商送到食堂的橘子、梨等水果，大家可以自由选取。每月的住宿伙食费只收象征性的1000日元，所以近似免费提供了。据说这位姓饭田的董事长，能记住每个职工的基本信息，遇有患病职工他会亲自送往医院，他允许在职职工自由选择在职或辞职。他还鼓励在职职工认真学习商店经营、管理等知识，待学成之后自己去开商店。他在年底召开的职工大会上作总结，表彰优秀职工，发奖品奖金。在会上我没有听清楚，我所得到的奖金是会后董事长亲手送给我的。在樱花盛开的季节，我也参加了为全体员工组织的春季旅游，看到了大部分被白雪覆盖的富士山，也在伊豆半岛欣赏到海滨景色和早开的樱花。过后又享受到了专为合同工安排的温泉体验活动。除了在配送中心工作外，董事长还抽时间，让我和其他两位合同工乘坐他女婿开的高档轿车，带上盒饭饮水，跟他去东京郊外的宇佐美去修整职工休假别墅，到埼玉县棒球场清理杂物、平整场地等。他了解了我的情况后，所定月工资是17万日元，接近于干了十几年合同工的收入。皆川姨父说这是董事长对我格外的关照，不能告诉别人。这个工资数按当时的汇率，接近我在中国近两年的收入。有一天董事长对我讲，他去过两次中国，非常喜欢中国的古文化。他说愿提供优惠条件，希望我携全家人来定居，并为他管理用于出租的棒球场。我很感谢他对我很特别的关照。

我去探亲那一年，正是日本经济高速发展的鼎盛时期，到处需

要各类人才。所以除了那位董事长提供的就业机会外，还有两家企业，一个是商业广告公司，另一个是大型娱乐场都要雇用我，特别是那个娱乐场开出了月薪近80万日元的特高收入，非常诱人。现在想起30年前的我，在思想上和行动上没有受到经济利益的诱惑，没有动摇自己的信念，这就是社会主义与资本主义的人生价值观念的区别吧。

在东京打工期间，我充分利用每周一天的休息日，乘坐便利的市内电车到东京各处去游览。首先去了繁华的银座商业街，那里所展示的商品是以人们穿戴、化妆、饰物为主，其余各类物种琳琅满目，但多半商品是日本与世界各国的知名品牌，价格不菲，面向的是高消费人群。这条在世界上也有一定知名度的主干道，除了在公休日变为禁止车辆通过的步行街时购物或旅游的客人较多之外，平日只是各商店细长条的“看板”，即色彩鲜艳又不失为淡雅感觉的招牌在吸引视线，街上行人不多，觉得与“繁华”之名不相符。我在一家不大的水果店里看价格，一个排球大小，日语发音“眉龙”的网纹瓜，标价12000日元，比别处贵了好几倍。后来到达名气不小的秋叶原电器一条街时，眼见其规模比北京王府井大街大了很多，所售商品，除了尺寸超大的之外，可以说，凡是与电器有关之物应有尽有，我还很意外地发现购物者中有不少说汉语的中青年人，也许多数是来自台湾吧。

我也到过上野公园去欣赏春季的樱花。那里可是游人如织。在阳光明媚、樱花盛开的春日，人们举家出动，在樱花树下席地而坐，饮酒说唱，放松身心，尽情享受一年一度的美好时光。在那里我还顺便参观了上野附近的西洋美术馆，我很喜欢馆藏的印象派画家莫奈的作品，能在那里欣赏到他的《水莲》等多幅原作，是个难得的机会。可以说每次的出游，让我既增长了见识，也提高了语言交流能力。

我们从乡下来的打工人员，干到次年的四月底就结束了。按有关规定，到城市打工的农民工回乡务农后，就被划入为失业人员，所以还可以拿到相当于一个月工资的失业补助金。总之，在东京打工的近半年期间，初步了解了东京都的城市状况，手中也积攒了点可以自由支配的现金。

与东京饭田百货超市的青年职工留影

与饭田百货超市农村打工者旅游途中合影，前排右三为饭田董事长

在东京上野公园中的樱花树下

在东京期间，我受重型电机厂设备科王立缘之托拜访了曾经到过中国北京从事设备管理的日本设备管理协会会长中岛清一先生。我探亲回来后，与中国长春第一汽车制造厂的同行潘力本共同翻译过他所写的有关设备管理方面的册子。从东京回到乡间，有一天到曾经为我做过笔译的大野清雄先生家做客。他让我看一件东西，是一张写在长约1.5米、宽半米左右宣纸上的一页信件。其内容是：当时在中国已经出名的一位歌唱家，在年少时的寒冬，曾经得到过一个日本兵的棉上衣。中日邦交恢复后，他按照棉服上缝有的姓名、地址，写信表达谢意，并介绍了自己的职业生活状况。受信人是住在高畠町附近山里的一位老人，这位老人了解来信者是歌唱家后，为他寄去很多日本流行歌曲的磁带，其中有一首当时在日本非常流行的歌曲《北国之春》。据说这首《北国之春》在中国的传唱与此事有关，我希望得到证实。还有，也是在东京打工时的初冬，正好遇上在华的日本遗孤首次集体到日本寻亲活动，在电视上播放的寻人遗孤照片里，有一位来自于沈阳市、年龄和外表很像我的小弟弟秀策样子的人。当晚我急忙到设在原东京奥运中心接待室去咨询，虽然未能得以确认，但还是与那位遗孤成为朋友。我探亲回来后，曾到沈阳探访他，他后来很幸运地找到了亲人。

（五）访日游览见闻

结束在东京的打工生活，并基本定下回中国的日期之后，我想利用余下的时间尽量出去走一走，更多地了解我出生国家的现状。首先

在梅乃姨母的指导下，买了一张去大阪的“周游券”，这是乘国铁新干线的优惠车票，可以往返于东京和大阪之间，并在一周之内能多次乘坐大阪市内任何属于国铁的交通车辆，价格便宜。我寄宿在距离大阪一站地的尼崎的姑表姐斋藤道子家，在她儿子和女儿的引导下，分别游览了大阪市的大阪城、奈良的东大寺和唐召提寺等日本著名古建筑和文化遗址，给我留下深刻印象。

让我感到很意外的是遇到了有的地方只许外国人参观，把日本人拒之门外的怪事。因为我持有中国护照，所以“有幸”成为出生于日本的“外国人”，被允许入内游览。

东大寺位于奈良平原东部，是日本乃至世界最大的木结构建筑。它建于1200多年前的中国唐代，大佛殿宽57米，进深50米，其内部规模宏大，供奉有高15米的佛像卢舍那佛来祈福人间太平安康。这座仿唐建筑也是古代中日友好往来，日本吸纳中国灿烂文化的见证。随后我又参观了唐招提寺。这座被日本国定为国宝级的寺院是公元8世纪在中国唐代高僧鉴真和尚的主持下建造。因为只是在每年的元旦时开放两天，所以仅仅见到保存完好的建筑外貌。幸亏我在1980年鉴真和尚的塑像回中国省亲时瞻仰到这位中日交往史上最伟大文化使者的仿真遗容。鉴真和尚以坚如磐石的信念，视死如归的气概，历经11年艰难曲折，东渡五次失败，在双目失明后的第六次才到到达日本国土。他不仅为日本佛教的传播立下扎实的根基，还把与佛教及其他门类有关的建筑、中医、文化、生活用品等知识和实物介绍到日本。他定居那里十余年，亲授有关的理论观念及实施方法，可谓鞠躬尽瘁，死而后已。日本大和民族会永世铭记他的恩典。

还有，在大阪奥运会场馆内，观赏到当代日本最著名画家东山魁夷的大型画展。我非常欣赏他吸收西洋画的技法以日本独特画法画出的风景画，一次纯粹的偶遇让我大饱眼福，也对日本画的独特画法有了初步了解。日本古城京都位于大阪市的东北部，距离不算远，所以我自己去游览。京都的城市布局犹如大棋盘，道路笔直，东西南北分明，很像中国某城市的翻版。它的西郊有一处著名的风景旅游胜地称之为“岚山”，虽然名为“山”，其高度不足400米。但是因为那里有闻名国内的春季樱花和秋季枫叶美景，到时引来如潮的游人前来观赏。我到那里时已进入夏季，未能眼见梦幻般的景色，但漫步在长长的渡月桥上，观看青色如黛的岚山，耳闻桥下潺潺流水，已是心满意足。

离开渡月桥，往前走不远，在一片青松、樱树旁，见到一座半圆形的大石碑。那就是我到岚山来要拜谒的周恩来总理的诗碑。碑上的诗文是周总理于1919年4月5日在雨中游岚山时所写：“雨中二次游岚山，两岸苍松，夹着几株樱。到尽处突见一高山，流出泉水绿如许，绕石照人。潇潇雨雾蒙浓，一线阳光穿云出，愈见娇妍。人间的万象真理，愈求愈模糊，模糊中偶然见着点光明，真愈觉娇妍。”这座诗碑是为纪念中日两国缔结和平友好条约，于1978年由日方一些友好团体集资所建。石碑上所镌刻的毛笔字是廖承志先生的书法，是中日友好见证之一。

在游览大阪期间，道子表姐特意选在大阪市的一家大饭店，请我吃自助餐。我还是第一次知道有这种就餐法。宽大的洋式餐厅装饰典雅，一眼望去厅内长宽度足有30米。厅中间都是由隔断隔开的，就餐

位整洁舒适；厅的四周摆放的大小形状各异的餐具里盛有包括和式、中式、西式的数不清、看不完的各种生、熟菜肴主食，每种食品都标有名称和主要材料味道等。还有多种水果、冷热饮料果汁以及名目繁多的调味品。这可以说是现代人类食物与烹调效果的集大成者，真是让我大开眼界，一时手足无措不知从何处着手了，只得学着别人的样子，拿起平碟，很小心地选择觉得适合自己口味的食物。每人5000日元的餐费，是个很高的消费额。以道子表姐不小的破费为代价，我体验了一次新颖快乐的就餐方式。临别时，她送给我带玻璃罩子的日式绢人，高度近半米。这种京都纯手工制的身着绢丝和服的精致舞女形象是日本京都传统工艺品之一，价值数万日元，这是我在日本得到的最昂贵的礼物了。以后她的儿子修夫妇还到北京看望过我。

京都岚山周恩来诗碑

奈良东大寺

奈良唐召提寺

鉴真和尚塑像

从大阪回到镰仓后，玲子表妹和她的一位同事开车带我去东京西南方向的伊豆半岛，沿着日本大作家川端康成所写小说《伊豆舞女》的背景地，穿越山谷林区，驶过晒有鱼片干的海滨渔村，观赏以各种兰花为主的热带植物园，游览了海滨温泉胜地。眼见青绿色的山峦，银白色的沙滩海岸，海天一色的相模海岸，海鸥飞翔，我陶醉于岛国梦幻般的景色之中。回到高畠町后，玲子又带我和她的兄弟姐妹以及各家孩子，组成车队去了山形县境内的藏王山旅游胜地。

汽车爬上山顶，看见一个大而圆形的火山口，处于休眠状态的火山像个大铁锅，内有一潭反射着天空青色的酸性液体，其内部和周围寸草不生。因为藏王山位于西伯利亚寒流与太平洋潮湿暖流的交汇处，所以冬季强大的暴风雪将山上大小树木包裹成形状各异的庞大雪雕群，蔚为壮观，是日本著名冬景之一。可惜的是我只能从摄影作品里想象大自然的神奇杰作了。那里也是日本面积最大的滑雪场地，滑道富于变化，有“日本滑雪麦加”之称。还有近两千年历史的著名藏王温泉，所以每年冬季吸引大量滑雪爱好者前往。

另外，在山形县境内有一座叫月山的旅游胜地，那里有日本唯一并享誉世界的夏季滑雪场，我曾在很远处看到过这座白色的山顶。这个独特的滑雪场，每年4至7月份开放。我在东京车站见过，时逢炎热的夏日，有些身背滑雪板的游客前往那里。

又有一日，难得有休假的二雄夫妇，带我去洗温泉。开车进入到深山里，在人迹罕至的原始森林中，隐藏着一个间断性喷发的天然温泉。人工砌成的水池里是深黄色并散发着很浓硫黄气味的泉水，虽然水温略低，但是能在静谧的森林中一边泡温泉，一边在相隔四五分钟内，观赏水池中喷射出七八米高的泉水柱，体验到了另一种大自然赏赐的奇特造化。在回来途中，二雄要请我吃烤鱼。这个餐馆开在一条河边上，据说有一定知名度，这是因为餐馆的抓鱼方式很特别。原来是他们在水面很宽且有些坡度的河水里，用木材搭建了一段假瀑布，待一些鱼跳跃瀑布就落在了板面上。虽然这种干法有新意，给食客提供了最新鲜的烤鱼，可吃起来感觉有些残酷的味道。

梅乃姨母、镜玲子和我老伴拍摄于热海温泉胜地

山形县藏王山

在这里我要记下几件让我感动和值得赞扬之事。回到故乡不久，我乘火车去叫村山站的地方，会见从中国武汉回来定居，与我同龄的一位女“老乡”，因为不认识路，出站后搭乘了出租车，我把写有去往地址的纸条交给司机。行驶时间不长，车停在了外观相同的两座住宅楼近处，司机示意我等在车内。他手拿纸条出去，确认了所去地址之后，招呼我到前面一座楼的一家住户之前，让我很顺利地找到了所找之人，然后他还向我点头道谢，因为乘坐了他的车。他的敬业态度，对乘客细致入微的服务精神，令我由衷地敬佩。我见到的那位女同乡，说她一句日语也没有忘记，让我非常羡慕。虽然她回故乡才两三年，除了住房是当地政府临时提供之外，她和孩子们都有了正式工作，生活得很幸福。在东京，有一次到一家大书店求购一套日语教材，服务员查了店内无此书，便立刻打电话与其他书店联系，找到存有所购书的店家后，给我写出书店名称和地址，并详细地告知需要乘坐的公交路线，让我顺利地买到所需之书。在东京繁华街道里，相隔一段距离就设有叫“交番”的交通警察服务亭，面积约九平方米的小亭子内贴满了交通图，若有人问路，交警认真地为其指出应走方向，有时还领一段路，方便了行人。还有，东京火车站，是世界最大的车站之一。从外表看来，入口处都很窄小，而内部是新干线，国铁、私铁、城铁、地铁和公交车等多种交通车辆的始发、终点、换乘的交通枢纽。站内商店密集，进出口甚多，步行道四通八达，它有上下几层，数十个站台，对于初来乍到之人，如同进入了迷宫、洪水般的人流旋涡中。但是只要在像是杂乱无章的广告、展窗、灯光和人群中辨认出醒目的指示箭头，就可以较顺利地到达目的地。人们把指路标

识，称之谓亲切的引路人。

与原开拓团后代成员会面，中排左二为新野重太先生、左五为花子姨母

1982年7月份，我在故乡的探亲时间已度过了一年零两个月，见到了相隔40余年的长辈亲人和同辈表兄弟姐妹，也认识了不少邻居和多位友人，还见到了幸运地回到故乡的原开拓团的部分成员，其中有我家邻居新野先生一家人。他特意选择一处温泉宾馆，安排聚会让我与大家见了面，忆往事感慨万分。其间让我甚感意外的是，在当年逃难途中的长春离我们家人而去的静姨母四口之家也未能回国。新野先生回忆说，他们离开我们渡部家人后，找到一处建筑工地。虽然有了干活改善生存条件的机会，但是因为待遇很差，得不到足够的食物。先是静姨母的小儿子因病死亡，之后不久病魔缠身的姨母也因悲伤过度死去。最后我的姨父也病逝在当地，只剩下的大儿子被中国人收养。

金子一家人就这样消失了。回中国后，我曾到长春市寻找他们的孩子和我妹妹登美子，但是没有结果。

故乡亲人为我举办欢送会，前排左一为岛津助藏町长，左三为姑母斋藤德

我在城市和乡村间的所见所闻，粗略地了解到出生地日本的现状，也感受到人间的温暖，好像在既熟悉又陌生的梦境里周游了一程。我在东京银座的索尼公司总店为养母购置了向中国出口的首台电视机，自己采购了不少日文书籍，告别了故乡的亲人们，结束了探亲的旅程。乘机前，还是曾经迎接过我的一行人和其他亲友特意到成田机场为我送行，依依惜别，不忍回首。在乘客稀少的机舱内，遥望窗外无垠的天空，平静的内心渐渐波动起伏。在任何痛苦场合都未曾滴

过眼泪的我，此时的泪水犹如小溪般流淌不止，近乎号啕大哭起来。即使多年后回忆当时的异常表现，也不解其所以然。也许是失去生母婴儿的本能表露吧。飞机平稳地降落到北京机场，受到众多亲友的迎接，我回到中华大地赐予的温暖的家。

七、退休生活

（一）多次探亲

1990年5月，我从工作了30多年的北京重型电机厂正式退休了。退休后的第一件事是带我老伴去探亲。其目的之一是让她熟悉一下我的故乡，其二是想在日本多逗留一段时间打工，赚点零花钱。老伴在出国前自学了初级日语，又善于与人交往，很快受到亲友们的欢迎。她的幼年是在湖北随州的山水之乡度过的，所以到了我的故居，感觉是来到似曾相识的地方，所以无障碍地适应了那里日常生活。尤其是对一些类似纳豆、生鱼片、鱼子酱等日本特有的食物，很多中国人都难于入口的东西，我老伴不仅能吃，还很喜欢吃。这种不挑食的表现，

加上注重礼仪、整洁的作风，自然缩小了与当地人的距离。高畠町内有的企业把一些需要人工来做的组装、粘贴等工作委托给家庭妇女来完成。老伴也参与其中，和我的贞子表嫂一起到邻居家，手里干着活，喝茶聊天，轻松愉快地赚到点小外快。我们到当地不久，曾经给我写了回信的高畠町町长岛津助藏，聘请我担任临时翻译，为接待中国黑龙江省佳木斯市市级代表团做准备。其实在高畠町内有几个与我身份相同、十几年前就回国的定居者，他们的日语水平应当比我高得多。而町长认为我来之于中国首都北京的大型国有企业，并且有一定文化，所以被选定为“赶鸭子上架”的对象。

时隔10年后再看到的故乡显得更干净富有了。街道、商场、学校、医院等设施和交通工具等与大城市看不出有什么差别。高畠町相当于中国的乡级行政单位，其面积180平方公里，人口25000余人，距离东京325公里。当地农业以生产优质稻米为主，葡萄、樱桃、苹果、梨等多种水果的产量也不低，其中的葡萄，培育出奥林匹亚、巨峰、高尾等著名品种，无籽葡萄的产量全国第一。优良的品种和相当规模的产量，吸引厂商在此建起果品加工厂，其产品质量和价格在日本国内名列前茅。在工业方面，可以生产钞票印刷机的印刷机厂、办公设备兼家具制造厂是世界一流企业。另外，町内的原始人遗址、文殊菩萨庙、五百罗汉堂、丝绸织品等旅游资源每年引来60万以上游客。还有，新干线列车专为高畠町设了一站，把原来到东京去时间从四个小时缩短到两个小时，促成了当地交通的便利、商业发达。再加上文化教育、医疗条件、养老设施良好，人们享受着较高的福利待遇，生活得幸福和谐。所以高畠町的居民都为生长于梦幻般的乡镇而自豪。因为当地优良的居住条件，近些年吸引了很多人离开大城市到此建房定居。

我没有做过翻译，所以为能否胜任而忐忑不安。幸亏町政府事前把町长的欢迎词稿和日程表送来，有了比较充分的准备。来访的客人们也带来一名翻译，但其水平也不高，所以遇到难译处，二人交流后再译出。这样违背常规的做法，还得到了主、客双方的谅解。更有意思的是，客方还邀请我参加他们的讨论会，让我出主意提意见。我看了町里制定的接待日程表，出发、路程、参观和座谈等所需时间误差都控制在两三分钟之内，起初我很怀疑计划的可行度，后来的实践证明没有出现大的出入，由此可见一个乡级政府的管理水平。欢迎会后，我与高梨副町长同乘一部车，按计划去参观考察，每到一处他都很客气地与企业人员打招呼说明来意，没有显露出官员身份。我见到印刷机厂内的加工、装配车间的场地干净得近乎一尘不染，零部件摆放整齐有序，见不到闲散人员。据介绍，这个工厂的生产特色是除了产品的核心零部件外，其他的组装件，都委托专门的中小企业来完成。厂内最重要的任务是，加工产品中最重要的零部件，进行产品装配、检验、试运行等，其效率很高。在果品加工厂座谈时，特地从东京赶来的总厂董事长，专门谈了在当地建厂的原因，他认为高畠町有原始人遗址，所以各种水果品种丰富，产量多。他还很了解中国的猕猴桃说长在陕南秦岭一带的猕猴桃个儿大、黄心儿味美，准备大量引进。来到米鹤酿酒厂，进门就让大家品尝刚酿成的日本清酒原液，我觉得这种酒精度30左右纯稻米酿成的液体，以它独特的谷香味，会成为美酒爱好者的首选之一。

此后，高畠町还接待过北京房山区的考察人员。从两次临时翻译体验中，我感到同声翻译是格外累人、难度很高的工作，既不能出错，也不能正常饮食。作为合格的同声翻译，除了掌握极高的外语水平，还需具有健康体魄和多方面素养才可胜任。因为我为高畠町政府做过两次翻译，又为当地三个高龄青年解决了婚姻问题，所以以町长为首的政府官员特意为我举办过欢迎会和鼓励会等，给予了很高的礼遇。

本想在那次探亲期间多逗留一段时间，可是运气不佳。原来是探亲逗留时间有了变化。把过去六个月逗留期限缩短为三个月，并规定没有特殊理由不可延期。虽然高畠町的热心官员，带我们夫妻到山形县和仙台市外事管理部门申请延期。但是那些不讲情面的守法者们都未“开绿灯”，只得扫兴而归。在此，应当把有些眼见为实的事情记载下来留作纪念。我的故居旁边是和田小学校，学校校长听说我老伴当过小学教师，特意邀请她去参观。在我幼年时见到的木制简陋校舍，现已改建为钢筋水泥结构、外观整洁的二层楼建筑物。在宽敞的大操场两侧，建有游泳池、观鸟室和实验田。学校外围没有栅栏和围墙，只有一个相对寒酸的校门，可是校方规定，所有师生必须从校门进出。我故居的庭院和稻田与学校操场相邻，可以一步跨入学校操场，但是斋藤家上学的孩子们，要绕个大弯子才能去学校。进入教学楼看到的是一大排学生专用储物柜，师生都要换拖鞋进教室。除了一般教室外，还设有教具齐全的专用音乐室、美术室、手工室和高大的体育馆。学生们大部分都来自周围的农村，不准家长接送，而是由高年级生带着低年级生排队来校和回家。免费的午饭是按国家标准统一配餐，有牛奶水果。据说这样做是国家对教育的补贴，另一方面是可以避免有贫富差距家庭的学生们在午餐时出现的尴尬场面。表嫂贞子在学校帮助做配餐，可以把学生剩余饭菜水果拿回来喂家中养的牛。学校的校长和教师都是在教区范围内定期轮换，基本做到教育均等。至少在当地，校长、教师都是非常受人尊敬和羡慕的职业。

高畠町的水泥路四通八达，主要干道都设置了信号灯，还有行人、自行车专用路。开车的司机和行人都很守规矩，尤其是在无信号灯的人行横道或一般道路上，司机只要发现过马路的行人，便主动停车让行人先过去，充分体现了对处于弱势状态下行人生命的尊重。还有，我在探亲期间，在城市、乡村间，仅听到过两次汽车鸣笛喇叭声，可见人们对控制噪音的重视和严格的交通管理水平。我的当厨师的表侄二雄，若在外贪杯饮酒，绝对求人拖回自己的轿车，从来不醉驾。

当地农民都是个体经营者，以种植水稻和葡萄为主。因为年轻人大多数去城市求职，所以在稻田和葡萄园干活的大部分是中老年人。绝大多数农家都有多种中小型农用机械，所以从插秧到收割都实现了机械化。在我帮助斋藤家和他们亲戚家收割稻子时，学着使用微型收割机，几分钟就学会了，劳作轻松，又提高了效率。而稻田除虫剂是町政府用直升机统一喷洒的。葡萄种植在透明塑料大棚里，这样可以防止部分自然灾害和鸟虫的掠食。农民都加入了农业合作组织“农协”，这是官方指导下的农民自己的组织，农协负责人由民主选出或伦流担任。种子、肥料和农县等统一采购，产品以质量优

劣分别定价，用统一名称包装出售。农协还组织学习观摩，文艺体育比赛，旅游参观等多项活动。农协在我故居的小河边开辟出宽敞的门球比赛场，建有休息座位的凉亭供农民使用。农民在播种或收获季节，若需要求人帮忙或借用农具，无论是亲戚朋友，都要按事先议定的价格提供或接受报酬，可谓“亲兄弟，明算账”，很公平实际。

当地的民风纯朴，基本上都能遵从传统的道德规范，没有遇到过吵嘴骂人的，无论是道路、田间、居民庭院，全都非常干净，很难发现垃圾或被遗弃的堆积物，据说多年没有出现过偷窃现象。可以说达到了“夜不闭户，路不拾遗”的程度。我探亲期间，贞子表嫂到附近的温泉去洗浴，不慎把手表遗忘在更衣室，次日去找，发现手表仍在原处未失。还有，发生在她们家里的另外一件事是：在一天早晨，每日早起的表嫂，发现在进门处的走廊上，有一个陌生人躺在那里呼呼大睡。等到那个人睡醒后才得知，原来是个喝醉了的路人，半夜推进门就睡在了那里。后来此人道歉之后就离开了。

进入21世纪，随着时代发展的步伐，高畠町政府充分利用网络的作用，把行政内容、产业信息、自然环境状况、文化观光动态以及有关健康福祉、百姓生活现状等各方面情况，通过大量网页，详实地公示于众。网民们可以从网页上了解町内的各方面动态，有利于上下沟通，密切官民关系，促进了各项事业更好地发展。在高畠町的网页上，还可以从各个分区自设的网页中了解当地人们在每个月都有什么主要活动内容。比如，可通过我在北京的电脑就知道我的日本和田地区乡亲们，在2014年9月所做的主要事情：其一，9月7日，在与我的故居相邻的和田小学校操场上，举办了第39届和田地区成人运动会。其二，9月15日“敬老日”，也是在和田小学校体育馆里，为地区内75岁以上的老人举办了盛大的祝寿庆典。町政府为88岁的“米寿”老人和77岁的“喜寿”老人们表示祝贺，并送了纪念品。小学生和幼儿园的孩子们朗诵祝寿作文，表演了节目。其三，9月17日，当地53名“长寿大学”学员，到福岛县喜多市，参加“移动讲座”活动，并享受了洗温泉、看演出等招待。以上内容都附了彩色照片。其次是在网上发表的有关《通知》的简文：之一，在和田地区安装了四台AED心脏急救医疗器械，请在必要时使用。之二，10月举办秋季庆典，可以自由展示摄影、绘画、手工作品，也可以出售自产蔬菜，自制食品等，请早作准备。之三，10月29日在和田公民馆（相当于居委会），举行EM发酵液咖喱饭制作说明和试吃活动，请踊跃参加。之四，最近在有的道路、田间和住宅附近发现黑熊在活动，请注意防范。我不得不惊叹科技发展的速度，也得衷心感谢网络为生活带来的方便，为求知者敞开的大门。

从2009年开始，我应日本劳动厚生省有关部门邀请，参加“集体短期回国探亲活动”。这种活动是由一个专门基金会实施，像我这种“在华遗孤”，每年可以参加一次为期12天的集体探亲活动。因为年龄的关系，有慢性病的，还可以带一名属于直系亲属的陪护人员，可享受同等待遇，所以每次我与老伴同行。要想参加这项活动，要提前半年以上，向厚生劳动省提出申请，批准后要办理护照入境签证等，近似于跟随团体的境外旅行。在国内，出行前的手续，都由日本使馆和委托中国国际旅行社负责办理；到了日本，由厚生省和基金会的官

员和懂汉语的服务人员，具体负责接待和随行服务，安排我们入住东京较高档的宾馆。集体探亲活动的主要活动内容有欢迎、欢送和学习会。这种欢迎、欢送会，安排在我们到达后的第一天和离开时的前一天夜间，以宴会形式进行。由基金会的负责人致词，向每个家庭发送纪念品。遗孤代表表达谢意。然后边进餐，边以卡拉OK唱歌娱乐，或请来一些艺人表演节目。

学习会定在第二天上午，也是由基金会负责人讲授日本的概况，历史、地理、政治、经济、社会等常识性的知识，还有在日逗留期间有关健康、安全方面注意事项。负责人的讲话，都由早年归国定居遗孤的二代人进行翻译，因为参加短期探亲的多数遗孤是不会讲日语的。在整个探亲期间为我们做各项具体服务的也是遗孤的二代人员。

第三天，有亲戚接待的家庭有四天时间到各自的日本原籍去探亲。为了安全顺利地往返，派随行服务人员接送到目的地的火车站，并与当地接待者进行交接，主办方考虑得很周全。未去探亲的家庭，安排在市内搞集体活动，一般去参观或是购物等。去探亲的家庭回宾馆后，要组织全体人员到与东京为邻的县市进行两日的旅游活动。比如，曾去过日本最著名的海滨温泉城市热海。在那里入住于建在山脚下、面临大海的高档宾馆，泡在温泉水池里，观赏晚霞满天的海景，是很惬意的一种体验。也有过乘高空缆车，到达位于箱根的活火山旅游胜地，在火山口近处，眼见从火山口里冒出的灰白色的烟雾，闻着浓浓的硫黄气味，在忐忑不安的处境中，品尝用火山余热煮熟的鸡蛋。虽然觉得这样的旅游有些恐怖，但有机会目睹难得一见的景观，还是值得的。

可以说，安排的活动内容丰富多彩。这样的“短期探亲”活动已经实施了十几年，很多人一直在参加，其中有90岁以上的，也有坐轮椅的。因为住宿条件良好，饮食以中餐为主加上自助餐，服务周到热情，体贴入微。出去活动时，对高龄老人备有轮椅、带升降装置的旅游车等，让我们老年人感到很轻松愉快。几乎所有费用都出之于由国家委托实施的《财团法人中国残留孤儿援护基金》。我认为这是日方对未回日本定居“在华遗孤”的经济补偿，也是为了让“在华遗孤”们，更直接细致地了解自己父母出生地的现状并感受当地人的关爱。根据日本劳动厚生省的统计资料看，当年约有两千八百多名日本孤儿得到中国养父母收养。目前有两千五百余人回国定居，每人带去了十名左右家属，还有二百多名老年“孤儿”仍生活在中国。但从我个人周围就有三名不愿表露个人身份，或尚未联系找到亲人的状况来推断，我觉得至少还有千人以上日本遗孤生存于广阔的中国大地上。

在这里记下我在集体探亲活动中认识的几位“遗孤”简况。一位是现生活于河北衡水市的李姓男士，他幼年是在东北满洲里度过，成为孤儿后随养父到了河北衡水地区，在养父的支持下，也经过自己的努力，成为了一名中学教师。在“十年动乱”中，被扣上“日本特务”等罪名，被批斗挨打，险些成为残疾人。后来在参加集体寻亲活动中，因为他是中学语文教员，所以被日本东京大学看中，邀请他留日教授汉语。但他断然拒绝而回到中国。衡水地区有关部门根据他的热爱中国的表现，推选其为省政协委员，现在他与老伴与孩子们幸福地生活在中国的故乡。几年前，我在驻华日本使馆的赏

樱招待会上认识了现住于大兴县的张姓“遗孤”，他原籍为日本东京，也找到了日本亲人。因为他本人所受教育较少，所以未回日本定居，一直在维持农民生活，前两年在拆迁过程中分得五套住房和一笔补偿金，经济状况可能超过了日本亲戚们的现有水平。我猜想他一直会在中国安享他的晚年。还有一位日本名为伊藤郁子，年近九旬的女士，她也是在我集体探亲活动中相识的。她出生于日本岩手县，这个县在面临西太平洋的日本东北方向。1945年20岁的伊藤郁子毕业于日本盛冈红十字护士学校毕业，后被派到中国东北一个陆军野战医院当护士。日本战败时被命令跳江自杀，但她顽强渡江逃过劫难，被解放军医疗队收留。此后她在解放军医疗救护队当护士抢救伤员。她在日方当护士时，亲眼见到日军挥刀屠杀中国百姓的残暴场面，所以在是回日本定居与亲人生活，还是留在中国继续工作的抉择面前，她毅然决定留在中国，为的是以自己的行动将功赎罪，替那些在中国犯下罪行的日本人还债。她后来加入中国国籍，与部队的一名军官结婚。于1954年和复员的丈夫回到他的老家江苏如皋定居，在县医院当护士。由于她工作努力，多次为伤病人员无偿献血，曾用她的O型血挽救了17名解放军战士，得到部队和地方领导的器重、战士患者们的爱戴。在“十年动乱”中，受到全院医护人员的保护而免遭冲击。退休后，伊藤郁子当上当地小学的校外辅导员，对孩子们进行爱国主义教育，在社会上宣传和平观念。现在虽然年龄较高，健康状况欠佳，但仍然乘坐轮椅，在可爱女儿的陪同下参加每年一次的集体探亲活动。我由衷地敬佩她今生所作所为，也为她表达过的：“我爱生我养我的母亲，我爱樱花烂漫的日本；我更爱社会主义中国，我的心永远在中国。”“我希望两国的子子孙孙世代友好。”等观念非常赞同。

在多次去日本探亲过程中，为了办理手续或咨询，曾接触过从町级到县级、最高到国家级，相当于中国从县到省级，最高到中央级的各行政单位的工作人员。除了到国家级政府办事，需要事先预约之外，其他各级都可以直接找有关部门洽谈。一般谈话都在接待室并提供茶水，工作人员也很客气耐心，如遇到与别的部门有关的事情，工作人员直接与之联系或他带去找有关部门。有一次我到厚生省（相当于中国民政部）咨询一事，虽然耽误了工作人员午饭时间，但他们没表现出不耐烦的样子，态度还可以。

“遗华孤儿”在游途中与陪同人和服务人员的合影

“遗华孤儿”们在旅游中，坐轮椅者为伊藤郁子

从1981年至今的三十多年里，我多次在日逗留，因为持有中国国籍，所以自觉或不自觉地总以中国人的形象出现在日本。人们在我这个生活于中国的“在华遗孤”身上观察到的是中国城市一般民众的基本缩影，如思想观念、品德修养、文化品位、健康状况和生活水平等等。我意识到了这一点，觉得以自己的实际行动，基本上维护了“中国人”的形象。我到日本注意到入乡随俗、遵法守纪和注重礼节，所以得到各方面的尊重和爱戴。我也愿做一根小独木桥，为两国的过往客人提供点方便。

当年作为和平友好使者的中国大熊猫到了日本，这在日本掀起一阵熊猫热，我为亲友们画了不少熊猫油画相赠，也分发了很多熊猫手帕、明信片和纪念章。在北京奥运会期间，我与老伴也向他们分送了纪念品和宣传资料。因为我居住在中国首都北京，所以至少促成了高畠町日中友协，前后组织了三次和平友好代表团来京，我陪他们拜访了中国对外友协，并在天安门广场合影留念。当时的活动，日本《山形新闻》做了重点报导。此后我的亲戚、朋友们多次到北京探亲或旅游，有的住在我们家里，我为他们做导游、带他们购物。其中“购物狂”女客人，因为我能助她们选购物美价廉的商品而非常高兴。

与表兄斋藤六郎和大野清雄先生在天安门广场合影（登载于《山形新闻》）

可是也发生过让我很“没面子”的事情。有一次表嫂贞子带她的

一个妹妹及妹夫到北京来，想看一看北京郊区个体农民的生活情况，我托人联系好了所去之处。结果阴差阳错，却是去了顺义沿河乡果蔬基地，对方误认为来了日本某农业参观团，总经理出来迎接，不仅安排了参观还提供了丰盛的午餐。让我们很不好意思，结果贞子姐和妹妹夫妻拿出3万日元表示谢意。她们回去后把日方培育的伊丽莎白瓜的种子和迷你西瓜种子寄给了沿河乡。发生此事的第二天就是“五一”节，我特意选择了这一天租一辆面包车，安排她们去八达岭长城。本以为当天没有多少游人去那里，结果是还未到南口就开始堵车了。车慢悠悠地向前开，过了南口车速越来越慢。我们是早8点出发的，到了中午才到达南口和八达岭的中间位置，想调头回去也不可能了，由于赶上了修路，全程改为了单行线，只能前行，不能调头返回。缓慢的车速让人心烦，没有向前移动多少，车停止不动了。司机说有个零件坏了，我对他发了火也无用。我想截一辆车求援，出乎意外的是，包括警车在内的车辆都是外地的。在无奈之际，我厚着脸皮去修路工地，搭乘来往于工地运料的卡车，回南口买来零件才使车子重新启动。将近傍晚6点才到达八达岭，勉强赶上最后一班缆车登上长城，拍了几张纪念照片。回程是绕过了延庆县城，午夜才回到家。在家里等待的老伴都要报警了。

因为我会做点家常菜，所以每当在日本串亲戚聚会时，就会做点中国菜肴请大家品尝。其中最受欢迎的是水饺。日本的中华料理中，也包括制作精美的饺子，但都是机制锅贴，味道清淡，也不作为主食。我是用各占三分之一的猪肉、鲜虾肉和白菜做馅，再加点韭菜，用手挤出水饺。当地人都没吃过这种饺子，觉得很新颖又符合大家口味，所以极受欢迎。一次在为我举办的欢送会上，高畠町岛津町长只吃饺子不食其他，临走时带回了所有剩余。还有一次，当地绘画爱好者和一家面包房老板请我教他们包水饺，人们擀出的皮以及包的饺子花样百出，相互取笑很是热闹，但没有影响饺子的味道，大家吃得津津有味非常高兴。我用剩余的面团做了葱花饼也颇受欢迎。有一位特意从东京赶来的客人品尝后感叹道："没想到小麦粉是这么好吃！"有些亲友劝我留在当地，开一家专营中国水饺的餐馆。我觉得中国和日本的饮食文化各有特色，若能把各自长处相互融合，可以为世界大餐桌提供出些绝品佳肴。我也发现，在日本也有所谓"酒香不怕巷子深"的现象。为了享受某种口福或乐趣，不计较金钱路程，每年到心仪的饭馆饱餐一顿，或者到温泉宾馆住几天。这也是在紧张的生活过程中的放松方式吧。

（二）发挥点余热

第二次探亲回来后，搞机械技术和搞绘画装饰的两派人都想拉我去做事。结果我选择了搞技术一方。首先是为原重型电机厂木型车间制造一台龙门大铣床。设计由机械、电器工程师负责，我的任务是掌控机床零部件的加工质量和设备的组装。这是属于私人承包性质的工程，但是必须依靠"公"字的力量才能成功，所以到处拉关系求人，困难大费力不小。幸亏在我工作过的机修车间同事大力协助下，借用车间场地和测量工具，把主要部件和主体结构试装合格后再去现场安

装，中途未出现重大技术问题就完成了。

此后又和搞技术的朋友们对从日本引进的几种产品进行了研制工作。其中的中小型风力发电装置是日本一位年过70的残疾老人德纳知敏先生自行开发的专利产品。我从一本日本科技书籍中看到这项信息后去拜访了他，并向他介绍我所了解的中国风力发电现状，他听后很愿意到中国推广他的先进技术，并当场决定免费提供一台样机托运到北京。不久仅有一条腿的老人拄着拐杖，手提装有技术资料和材料样品只身来到北京。我们带他一起去八达岭风电试验场当场测试样机的性能，结果证明，其效能达到当时国内中小型风力发电设备的先进水平。遗憾的是因为资金等原因，这个项目未能做成功，也非常对不住那位热心的老人家。

在京逗留期间，德纳先生提出到卢沟桥参观中国抗日战争纪念馆。观后他一边摇头一边说，没想到那些混蛋东西们干了那么多残忍的坏事，对侵华日军犯下的滔天罪行表示震惊和愤慨。

我大姨母的儿子镜和夫发明了一种节电器，作用是在允许范围内用降低电压方式达到节电的目的，适用于照明或特定的设备上，在日本城市甚至在东南亚、西欧等地也很受欢迎，但是在中国对他那种节电方法不认同。他后来准备在北京生产节电器，出口到欧洲，我为他在北京做了前期准备，可是由于镜和夫的突然离世，只得放弃。

有一年，经友人王立缘推荐，我到北京机械局外经处为准备到日本作研修生的青年职工教授初级日语。这对于我，又是一次“赶鸭子上架”的体验。但为了中日友好交流，我自编教材和教具，从最基本的日语平、片假名教起，所教词汇选择了在日常会话中不可缺少的内容。并以个人在日本生活观察的体会，介绍些在学习实践中应注意的待人接物的细节等。但愿我的小小努力，为他们提供了一些帮助。

（三）与人和谐相处

我从小到近50岁期间一直住在平房里，体验了独门独居或居住在大杂院的生活，虽然独家过日子清净自在，但不如大院子里多家生活在一起的方便安全。在大杂院里，谁家有了什么事，都人人皆知公开透明度，虽然降低了各自生活中的私密性，但是拉近了人们之间的距离，大家敞开心扉，相互了解，相互帮助，相互谅解，达到男女老幼和谐相处的融洽状态。1986年我搬进了单位分配的单元楼房，两居室的房屋内有厨房厕所，夏有电扇空调，冬有热水暖气，虽然从住平房时的上厕所排队、冬天买蜂窝煤取暖、用水缸存水等诸多不便和麻烦中解脱出来了，但是需要爬几十个台阶上楼，进屋关上房门，再也看不见原来平房院子里各家门窗和人们进进出出的忙碌景象，也听不到早中晚间的锅碗瓢盆交响曲了，犹如进入到大箱子里，产生了莫名的孤独感，多年之后才逐渐习惯下来。

我们所住单元门内的12户职工，虽然都是同一个单位的，可除了两三位之外都不知姓名，过了两三年才逐渐熟悉。现如今已在此居住了将近30年，我对整座楼的72家住户中能认识的不足三分之一，有的互相问候，但是仍然不知对方姓名。原来的几年还由楼长

召集开会，传达点信息或组织大家搞卫生等，可是近几年像是渐渐放弃了。这让我感觉到现代化的住宅给人们带来方便和舒适度的同时，却疏远了人际关系，也让孩子们减少了童年的欢乐，淡漠了对故乡的概念。

我现在还可以做点小事，有了机会尽量与人接触，力所能及地帮助别人，搞好邻里关系。如我自己备有一些维修工具，或借出或亲自去助人去修复临时急需。当然，我不懂电工、上下水、供暖等技术知识，所以出现了这方面问题，只好请别人帮忙修复了。尤其是自学电脑之后，电脑出故障成为家常便饭，不得不请出“武林高手”收拾残局。在此，我向伸手相助的原同一单位郭观佑老弟、外甥李楠等几位能人表示衷心感谢了。

觉得“心想事成”之事，有时也应验在我身上。退休后几年的一天上午在超市购物时，偶然遇见小学同学李兴旺和李秀琴。他们是从小学相恋，到大学毕业后结婚的理想夫妻。我们商定把能联系到的同学招集起来搞个同窗聚会。分别了近50年的首次聚会，集合起在京的近20名小学同学，大家虽然已到两鬓斑白、脸上显露出岁月沧桑的年龄，一旦相见，如同又回到了天真活泼、坦然率直的少年时代。我们无拘无束，畅所欲言，孩子般地歌唱欢笑、真诚的交流、衷心的祝愿使我们的情感得到升华。此后又联系到初中、高中时的老师和同学，分别与大家有过聚会或交流。现在因为年龄和健康原因减少了聚会次数，但仍然可以通过电话或个别相会保持着联系。我在中国，从上小学到高中退学的10年学习经历中，受到多位老师的特别关爱，如小学三四年级时的严老师、五六年级时的班主任李绍基老师、初中三年级的班主任张裕泰老师、高中一年级的班主任王代文老师等，其中的张裕泰老师，他老人家已是90岁高龄，但仍然精神矍铄，体格健壮。我从十二中退学后，非常幸运地再次与张老师相遇并继续聆听他的教诲。张老师在担任班主任和语文老师时，我是班里的班长，他是我学习做人、学习中文的启蒙老师，尤其在写作文时，他逐句为我修改，耐心的教导和鼓励让我获益终生。他的老伴王蕴琳是我的数学老师，衷心祝愿二位老师“福如东海，寿比南山”。

与部分高中同学在香山留影，后排右一为班主任王代文老师

我的部分小学同学在北海公园合影

在工厂从事业余宣传活动中，我也结识了不少中青年绘画爱好者。其中有受过中级美术教育的，但大部分人是自爱自学者。在厂工会设立了美工组后，经常根据宣传需要，大家集中起来搞大宣栏或办某种主题性展览。我们也组织互教互学或集体出外写生，不仅提高了绘画水平，也增加了相互间的友谊。有一年夏天我们去房山十渡镇写生，从一渡涉水过河，沿着弯曲的拒马河走到十渡。那时的十渡景区保留了自然状态，河两边是巍峨的山峰，山脚下零散分布着石板房顶、石块墙壁的山村房舍和柿子树林，河上未见桥梁。雨后的白色云带围绕在半山腰，形成近似桂林的漓江山水画长卷，是北京周边风景写生的最佳去处。我们在六渡小学校住了一夜，因为天热，半夜到河里玩水。看到远处是像裁剪出的山影上，悬浮着弯弯的弦月，眼前是两厘米长的大萤火虫，发出淡橘黄色的光，如同球形灯笼在空中漫游，是难得遇见的梦幻般夜景。白天大家分成仨儿一群俩儿一伙地分头写生，有说有笑陶醉于野外美景之中。我的写生油画还没画完就被一学员抢去。这样绝佳的写生和旅游胜地，却遭到当地的盲目改造，

在十渡与部分美工组成员合影

人们在大段河面上建起高架路，在景观最美的位置安装了蹦极设施等，把大自然赐予的画卷，涂抹得面目全非。改革开放后，有几位学有所成的年轻人离开工厂去搞与美术有关的专业，像王跃去了世界知识出版社，吕小中到《民族画报》，韩明智在央视的《中国电视报》，李燕泙就职于央广音像出版社，陈海燕当上徐悲鸿纪念馆办公室主任，沐定胜就职于现代文学馆等，大家在新的岗位上都做出了很大成绩，我退休后还与他们有一定的联系和交流，有时和部分画友出去写生，保持着的友谊。

在世纪坛，原美工组成员与画家王晖先生留影。左一王跃、左二陈海燕、左三李燕萍、右一韩明智

在工厂上班时，尤其是具体工作的车间，可以说是个大集体。其

成员有老中青，有男有女，而领导者是带头人和管理者。北京重型电机厂是个1958年新建的国有企业，所以老工人和大部分技术、管理人员都是从全市甚至是国内大企业调来的，而绝大多数新工人是来自学校刚毕业的初、高中生和农村青年，还有部队转业的干部、战士。可以说大家来自五湖四海，是为了祖国社会主义的发电事业走到一起。在那“大跃进”年代，人们在“多快好省”口号下经常加班加点，不顾劳累，不计得失，努力完全各项生产任务。党支部、团组织、分工会都积极主动开展工作，领导、组织除了保证正常工作外，还引导群众学习、关心群众疾苦，上下团结一心共同前进。

（四）祝愿养母长命百岁

我的养母，即我的中国母亲贾凤朝，已经成为年逾九旬的老奶奶。一直身体健康的她，在十余年前忽然患脑血栓，留下半身不遂和语言障碍的后遗症。她从中年之后，也就是养父过世不久，开始在丰台废品回收公司上班，身材矮小的她每日不畏风吹日晒，克服天寒地冻，足蹬沉重的三轮车，在丰台区范围内的乡镇街道收购废旧物品。下班回到家后，忙不迭地为从年幼逐渐长大的男女六个孩子做饭洗衣，不得清闲。我上学时还可以帮她干些家务活减轻点负担，偶尔讲故事、唱歌逗她开心，但上班之后就很少顾及到家事了。但是如果家里处理较重要事情，我还要帮她出主意作决定。她虽然很忙，但很注意观察了解我，每次见面时，我胖了点就高兴，瘦了就担心。她说

我：“你很在乎两件事，一是不愿吃夹生饭，二是不抽次烟。”所以每当我回家吃米饭，她至少要蒸两个小时。养母的牙齿很好，同我一样喜欢吃硬的食物，我们夏天把面条做得能嚼出声音才送进嘴里。她从年轻时就很喜欢吃肉食，所以每到逢年过节，我就到前门大街的月盛斋老店给她买酱牛肉。养母退休后愿意到我住的小区住几天，有人为她测血压，听说是正常她就很高兴。但是她有时候说头疼，可儿女们谁都没在意。养母不久得了较严重的脑血栓，可以说是我的无知和粗心大意使她过早地遇上病魔。现在虽然病情稳定，意识清晰，但时常因为不能用语言表达自己的想法而着急苦恼。即便如此，她的内心还时刻牵挂着孩子们的方方面面，得知谁家发生点不幸之事，就伤心得流下眼泪；听说谁家有了值得高兴之事，她也会露出开心的笑容。

我的中国一家人

50多年前养父离开我们之后，经过养母的顽强支撑和孩子们的共同努力，我们家已成为四世同堂三十多口人的大家庭。现在的丰台镇被四环路分割成东西两片，原来的平房四合院都变成高层居民楼，老街道、胡同也大变样。令人怀念的丰台老模样只能留在照片或记忆里了。养母也从自盖的平房搬迁到有电梯的楼房里，与小弟林忠、弟妹李京恩夫妻住在一起，在儿女们的细心照料下安享晚年。原来的春节年夜饭由我做主厨，后来由小弟林忠来担当，现在是去饭店聚餐了。每当全家聚齐时，养母表现得格外高兴。作为母亲，她一生不辞艰难困苦地努力工作，尽心尽力地扶养孩子，期盼他们健康成长，成家立业生活安定。现如今，她眼见儿子女儿都已经平安退休，多数孙子孙女都已结婚，也有了好几个重孙子，这一切就是她获得的成果，是对她的安慰和奖赏。在全家聚餐的日子，如果她发现缺少了谁，就用眼神、声音和手势，问清楚为什么未到场才放心。现在家里除了大妹妹家外都有了轿车，小妹淑清常开车带她去参加聚会或逛公园，喜欢热闹的老妈妈特别开心。面对高龄患病的母亲，我们一家大小都很孝顺，时刻关注母亲的健康状况，除了安排好生活起居外，还设置了储备金应对急需。我作为长子尽量以身作则，以微薄之力报答中国母亲的养育之恩。在此也衷心感谢我的中国弟弟妹妹们，你们从小至今毫无异议地接纳了我这样的“外来户”，待我如亲生的兄长，让我感受到了真诚的尊重和爱戴。我们相互谅解克服困难，共同度过三年自然灾害造成的粮食短缺的挨饿时期，也克服了唐山大地震带来的安全危机，重建老房。在我病危时背我去医院抢救，在我经济困难时提供无私的援助。我身后有这么多弟弟妹妹，是我的莫大的骄傲和幸运。也

请原谅由于大哥的考虑不周或无能，给家里造成的一些损失以及给你们带来的不愉快。让我们永远和睦相处，共同祝福我们慈祥坚强的老妈妈长命百岁。

（五）我与“亲家”

我的儿子广田与原工作单位同一个车间的女工张文立结了婚。他们的儿子，也就是我的孙子王唯懿，现在是大学三年级学生。我与文立的父亲张进杰先生、母亲姜玉芳女士，按北京人的说法就是“亲家”关系了。张进杰先生比我大四岁，是位离休干部，姜玉芳女士是位医生。当然他们都早已离退休了。二位亲家热情豪爽，任劳任怨，在上班时为国家做贡献，在家里操持家务照顾孩子。他们有三个女儿，文立是长女。三个女儿的孩子，包括我的孙子唯懿，都是从小到上学，一直在姥爷姥姥家长大。二位亲家，尤其是离退休之后，在健康状况不甚理想的情况下，还是全身心地照料两个外孙和一个外孙女，负责吃喝穿戴，包揽上学接送。外孙女考上外地大学，二位亲家离家去外地，租房陪读好几年。他们那种为了子孙后代茁壮成长，不辞辛劳，尽心竭力的奉献精神，让我佩服得五体投地。我很惭愧，未能尽心照顾自己的孙子唯懿和外孙女美至。我和老伴都与二位亲家很合得来，但相聚很少。我衷心感谢进杰、玉芳兄姐，庆幸我有缘结识了你们这样好亲家，祝愿二位保重身体，健康长寿。

我的女儿海燕嫁到了与建筑有渊源的家庭。海燕与丈夫小文是中学时的同班同学，小文的奶奶与海燕的姥姥还曾相识，所以有了婚姻的缘分和基础，他们生活得幸福平安。二位亲家都是搞建筑设计和研究的，所以我也对中国古建方面的知识有了兴趣。一次在北戴河疗养时，见到立在海滨的高大铜像，经人介绍才得知，铜像是近代著名研究古建筑的奠基人朱启钤。后来从有关书籍中了解到，朱启钤老前辈祖籍贵州开阳，1872年生于河南信阳，1964年卒于北京，享年92岁。在他长达近一个世纪的生涯中，经历了清代、北洋政府、民国、日伪、新中国等五个历史阶段。朱启钤才华出众，是清末举人，并官运甚佳，曾代理过北洋政府时期的国务总理。他从政从商，人生跌宕起伏，但在近代史上所留下的珍贵业绩，是人们不应忘记的。首先是他于1925年，为了研究及保护中国古建筑，自己投资并利用私宅创办了“中国营造学社”。在他的主持下，汇集了梁思成、李四光等建筑、地质、考古、史学等各方面人才，对中国各地古建筑进行了考察、勘测，成为研究中国古建筑的奠基人。此外，朱启钤还做了很多利国利民的善事。1918年他发起成立北戴河海滨公益会并任会长，开发建设北戴河海滨，抵制了国外帝国主义者霸占北戴河的企图。他在处理北戴河事务的前后，还为改建正阳门打通东西长安街，修建北京市第一个公园，即中山公园，又创建中国首个博物馆，即故宫博物院，做出了突出贡献。在抗日时期，日本侵略者为了妄图长期统治北平市，欲让朱启钤出任伪临时政府市长，但无论日方如何软硬兼施，他坚决抵制，始终未就范。还有，喜爱收藏的朱启钤曾经从清宫后人那里收购到极其珍贵的古代缂丝精品。有个日本人得知，想出高价收买。但朱启钤很快将其转让给了张学良，使国宝级文物得以保存，表现了他的

民族气节、爱国精神。新中国成立后，朱启钤曾任政协全国委员、中央文史馆馆员，著有《蠖园文存》等多部文献。1953年他将多年所藏所著书籍捐赠给北京图书馆和贵州省图书馆。

为了肯定朱启钤在近代史上所作贡献，敬重他的人格才华，周恩来总理曾在全国政协为他主持祝寿庆典，并于1961年到朱启钤家访问交谈，与一家人合影留念。

通过对朱启钤老前辈事迹的粗浅了解。我非常敬佩他的人格才华和爱国敬业精神。我尤其敬重他以具体行动对古老建筑的研究和保护。中华五千年的古文明古文化，包括尚保存下来的古建筑，都是中华民族的宝贵遗产。但是让人遗憾惋惜的是，因多年的内战战乱外侵或天灾人祸，老祖宗留下的具有标志性的建筑物逐渐在消失。朱启钤能在上个世纪初有远见地创办“中国营造学社”，提出并组织实施对古建筑及其他文物的研究和保护，是极其难能可贵的作为。今后，我想通过各种渠道对朱启钤老前辈有更多的了解。我希望行走在中华大地上能见到更多具有中国特色的建筑、城市和乡村、街道及小巷。

八、我的老伴

我能生存至今日，要永远铭记中国养父母的养育之恩，也要感谢命运赐予我的人生伴侣。1952年初冬，我在丰台四合院的家门口劈劈柴，无意中发现一个小丫头站在近处。她长得又黑又瘦，身穿当时叫“列宁服”的褪色旧上衣，一双不大的眼睛像是在观察着我。她就是我养母的二哥，即我的舅舅贾长玉的女儿，跟随父母刚从河北景县老家来到丰台。她是我在中国相识的唯一表妹，可以说是一只从南方蹦来的小兔子跳进我的生活圈。名叫彦鸣的她比我小四岁，出生于湖北省，发掘出著名曾侯乙编钟的随州，她在外祖父家度过了童年，从小受到楚文化的传统教育。在抗日时期，外祖父家的中药铺和老宅被日军炸毁，有的日军还往他家的油缸里便溺。战乱时，她在跟随家人东躲西藏的间隙，学到些初级文化，还上过一段教会学校。新中国成立后她的父亲带一家人回到河北老家贾吕村，在爷爷奶奶家过起农耕生活。当地属于河北平原盐碱地，农作物以玉米、红薯等为主。据说这位小表妹第一次见到金黄色的老玉米，高兴得心里乐开了花，心想这一定是好看又好吃的美食。可是吃到嘴里的窝头、贴饼子无论如何也咽不下肚子里去。可谓吃稻谷成长的孩子，被带到了无米之地。心痛她的奶奶把偶尔蒸的馒头藏起来，避开众多孙儿们的视线，偷偷给她食用。虽然她的父母和其他长辈们也关注她的饮食，但眼见孩子还是越来越瘦弱。后来，多亏老奶奶做主，卖掉家里宝贵的几亩耕地，凑出所需费用，让三口人离开农村，到京城寻找生活出路。

他们到丰台，我的舅舅也在正阳大街西头租到了房子，做起了小生意。表妹彦鸣也开始在丰台镇小学校上学。那时我在读五年级，她三年级。她的到来，我又多了一份为她补习功课的“差事”。属相是兔子的她很乖，学习认真努力，也喜欢听我给她讲的小故事。在我住家的对门，有一个与她同年级的女孩叫魏宜霞，二人成为好朋友，她们有时穿上相同色彩的鲜艳衣服像一双蝴蝶在街上飞来飞去。偶尔我也与她们玩抓羊拐之类的小游戏。日月如梭，我在上学和做家务的忙乱中又度过了五年，1957年夏天的一场大病，迫使我退学就业。彦鸣从小黑丫头长成有些与众不同的大姑娘。在我患病期间，她遵从某种习俗，为了祈祷我早日康复，剪掉了心爱的长辫子。我和她兄妹之间的亲情，逐渐转变为男孩与女孩的纯真友情，彼此希望能多见面，相处时间长一些。因为双方的家庭是亲戚关系，所以我和她之间交往并未被认为有何异常。问题是，我已经休学上班，她仍在上学，两人之间的联系产生了障碍，不得已，我采用写信方式相约会面。偶尔的见面，一般安排在晚饭后出去散步，我走在前，她在后，几乎不讲话，漫无目的地向前走。我只能听到她轻盈的脚步和蟋蟀等小虫的鸣叫声。无言的漫步，在心灵情感上得到了某种满足，一两个小时后各自回家。这就是我和她之间的，既没有牵过手，也没用语言明示过的初恋吧。时间不长，双方家长都觉察到了我们的感情变化。其实在当时，我舅妈心中已经有了心仪的未来女婿，只等适当的时机把女儿嫁出去。我的养父也喜欢彦鸣，很想让她成为他的大儿媳妇。他在粮食困难时期，特地在城里饭店花费高价让我和彦鸣去吃饭，不知行情的我竟然点了价格昂贵的鱼翅汤。后来养父与他弟弟策划，让我们到雷州半岛逃婚。当时我对婚姻之事没有任何心理准备，对结婚二字概念不清，更未想过成家立业之事。当养父弟弟问到我："你们两个有过关系没有"时，不知道是什么意思。多年后才了解到了"关系"二字的含义。按传统观念，当时我与彦鸣之间，已经到了谈婚论嫁的年龄，但是她初中尚未毕业，又是家里无兄弟姐妹的独生女，我觉得不可以拆散只有一个女儿的三口之家，所以断然拒绝了逃婚的安排。我这种态度可能让养父和彦鸣伤心不已。可一直认为我的做法是正确的。与我不同，做事果断的舅妈以迅雷不及掩耳之势把女儿带去南方使其成婚。听到此事的当晚，我走在与彦鸣同走过的路上，只有天边惨淡的弯月相随，欲哭

无泪，意识渐失，摔进路旁的壕沟里……从此与她各自一方，断了音讯。

20年之后的1981年，我即将去日本探亲之前，仍然住在丰台的舅妈把我出国之事告知她女儿。彦鸣也认为我一去不归了，特意来京送别。未曾奢望过的重逢，虽然让我感慨万千，但还是以平静的语气简述了自己别后的生活状况。得知当年她到武汉被强迫成家之后在工作学习生活上遇到很多困难，无奈之下给周恩来总理写信求助。她的善良和刻苦忍耐得到很多好心的邻居、老师的帮助和支持，后来在武汉市知名小学校当上了小学教师。她还告知，多年后她的不幸婚姻也画上了句号。而巧合的是，我们是在同年同月办了离婚手续。这样意外的现实让我非常惊讶，顿时觉得种种思绪插上翅膀飞翔起来，难道少年时的梦想还能再现吗？可是冷静过后认为不能急于表达内心想法，毕竟分别多年，不知她的思想观念兴趣志向如何。可是又想，不能失去这样难得一见的机会，还是试探性地问她，我们可否走到一起。她也许没有来得及多加思考，很快就同意了我心中的愿望，此时离我出国探亲时间已经不足十天。我忽然想到为了防止万一，比如到了日本出于某种原因我不能按时回到中国时，彦鸣可以找我去探亲。如果不是夫妻关系者，她是不能成行的，所以决定办理结婚登记。因为事情很突然，在彦鸣一方遭遇不少阻力，费尽周折，在登机前两天才办好婚姻登记手续。出国那天她也到机场为我送行，当我出关回望时，在众多送别人群中，她的手势和眼神永远定格在我的心灵深处。

当年初冬的一天，我在东京一家超市打工，收到高畠町斋藤家贞子表嫂转寄来的一封信，此信是彦鸣所在学校的一位老师代写的。信中告知：彦鸣因为与我办理结婚登记，遭遇多方刁难排挤，甚至被断粮和经济来源而失去了生存保障。我心急如焚，立刻给她汇些日元，以解燃眉之急。我非常感谢那位及时报信的蔡应章老师。当时出现的非正常状况是一些不明真相的误会造成的。也是因为那时更多地想到与我自己有利的方面，没有顾及到急于办理婚姻登记手续的后果，尤其是对孩子们和一些亲友们的感受，在理智与感情的纠葛中自私占了上风，这是我人生中一次深刻的教训。1982年夏天我探亲结束回到原单位后，在干部处领导的关心下，彦鸣很快从武汉调入北京重型电机厂，被安置在设备技术档案室工作。厂里还为我们解决了临时住房。她很快适应了工厂的工作，一直干到退休为止。

我在1990年因为健康原因退休时，老伴也随我办理了退休手续，之后她在厂内的三产单位做了一段协调工作。几年后成为孤独一人的老岳母从武汉来到北京，与我们生活在一起，平安度过了她人生的最后岁月，享年87岁。我的岳母为人豪爽做事麻利，也很善良。在丰台居住时，曾多年照顾过失去父母的孤儿多玉良，直到他有了正式工作并娶妻安家。在“十年动乱”中，有些人家因为某种原因受到冲击，连饮食都失去保障，发现这种情况，她不在乎是否受牵连，蒸了一锅大馒头去救急。但是在晚年，我的岳母舅妈在武汉家里被煤气烧伤，给生活造成不方便。我虽然与她有过一段不愉快的经历，但是成为一家人之后，得到了她的谅解和宽容，相处得很平和良好。

我与老伴在武汉东湖

2015年清明时节，我陪同老伴到湖北省武汉市、随州市、安居镇探访亲友并为逝去的老人扫墓。安居镇是我老伴彦鸣出生地，她少年时都曾在当时的汉口、随县居住过。我们先到达武汉，入住于老伴女儿小玫和儿子丹丹特意为我们预定的舒适、方便的高档宾馆。我们分别到了小玫与丹丹姐弟二人家里，了解到他们的孩子有的已工作，有的在上大学，两家人都生活得平安幸福，让我们很欣慰。在当地，我们受到姐弟二人非常热情周到的照顾，在他们带领下，见到了老伴二七小学时的教师好友邓桂运和蔡应章老师，也游览了东湖、磨山和黄鹤楼，又参观了湖北省博物馆，让我有幸观赏到多年向往的著名曾侯乙编钟。到了随州市，受到老伴的姨表弟妹杨自强和杨自芳以及家人的热情接待。之后去了安居镇，为被安置在当地山坡上，已故杨家姨妈夫妇扫墓。结束后驱车到称之为安居镇莞豆冲的地方，见到老伴大姨妈的丁家表兄一家人，半个世纪后的相聚格外亲切感人，拍张照片留念吧。在安居镇，由杨自芳表妹夫妇指引，寻找彦鸣幼年时生活过的姥爷家的房屋和附近的街巷，我们在镇里的后街上往返几次，又询问街里的住户，可是看到的是昔日的条石板路被水泥地覆盖，传统的房屋外观仅剩下残缺的瓦片房顶；耳听到的是，彦鸣姥爷家的门楼或院落早已被改建或拆除的消息。彦鸣喜欢过的房后宽阔的涢水河白

在武汉与小玫、丹丹二家人合影，右一为小玫，左二为丹丹

沙滩已变为黑色的泥泞地，往年茂盛的王子草也不见了踪影。在失望遗憾的思绪中，唯一让她宽慰欣喜的是，在一条小巷内的古旧院落里，见着了她长年思念，在幼小时常常背着她游玩，处处庇护她的大表姐丁长英。临别时大表姐孤零零地站在巷口前，久久目送她可爱的小表妹又去了远方。彦鸣魂牵梦萦的故乡随着时代的前进的步伐旧貌换新颜。如今的安居镇，街道两旁商店林立，路上汽车往返不断，一片繁忙景象。我深信老伴彦鸣的故乡——中原楚文化名镇安居镇会绽放出更多坚韧不拔、自强不息的芳香梅花。

我和老伴之间因为生活习惯和性格上的差别，日常生活中也产生小矛盾和摩擦，但在做人标准和道德观念上是相同的，所以基本上能同心协力地面对生活中出现的各种问题。现在她也是75岁的老人了，虽然有高血压等老年病，但仍然能够认真按时完成社区侨联和居委会交给的各种任务。若无特殊原因，从不畏严寒酷暑，不迟到不早退地执行巡逻、值勤工作。获得了石景山区“最美家庭的”荣誉证书和鲁谷社区侨联“优秀委员奖”的奖状。有时她和我合力做些助人为乐的小事。在一阵出国热潮中，为了帮助一些中日双方男女青年的意愿和需求，我们受人之托，在充分了解各方面条件的基础上，促成三对中日青年美满婚姻。前几年，老伴得知一位年近八旬的老太太的月退休金只有37元。老人原来家住丰台区，后搬迁到石景山区。老人为了解决退休金问题多次找两个区有关部门，但因为某些工作人员的推诿，长期未得到满意答复，我老伴和她的朋友们都很着急，为了助她一臂之力，我自作主张，代笔给当时的总理温家宝写了一封信，信件很快有了回音。此后在石景山区领导的关心下，得到较圆满的解决。有一年我与老伴在日本探亲期间，老伴接受有关单位的委托去了解日本养老院的状况。我们就在最方便的高畠町通过亲友关系参观了当地两家养老院。据介绍这两家都是由当地官方和民间合办的乡级养老院，是日本厚生省认可的。二位负责人分别带我们观摩了房间、餐厅、会客室、娱乐室、演出厅、浴室、医务室洗衣房等，养老院内有中央空调的冷暖设备，走廊有安全扶手和可供休息的软座位。在条件好的房间，还带套间和电脑桌，浴室里备有半自动升降架的水槽方便特殊老人洗浴。虽然觉得房间高度稍差一些，但给人的印象是干净明亮，各种设施齐全，安全方便很人性化。据说有退休费的老人都可入住，但也需要经过专门机构的审核。此外，两家养老院紧邻当地医院，地理位置的选择也是难能可贵的。

在安居镇莞豆冲与老伴亲人合影，前排左三为大表姐丁长英，左四为大表兄丁长法

我老伴从小时候起，与南方女孩儿一样养成了整洁的生活习惯。她做事不慌不忙，在条件允许的情况下，把自己的居住环境安排得井然有序，干净舒适。她也对自己所穿戴的衣物、所使用的大小器具，非常爱惜，不使其损坏。每日占用很多时间洗衣除尘，减少了传染病或尘霾对身体的伤害。我与她成家后，也力所能及地改善居住条件，比如我根据居室的现成条件，自己做装修设计，采购材料，凡是可以自制之物，都自己动手做成。我们还及时更新家用电器、厨房用具等，来提高些生活质量。我老伴从少年时就热爱读书学习，觉得今生最遗憾的事就是没有上成大学，未能实现求得更多知识的梦想。如今除了安排好日常生活所需之外，能在相对清洁安静的环境里读书是她的最高精神追求。所读之书比较注重人物、历史等内容，而爱不释手的是《红楼梦》。她也很喜欢京剧，每日上午到公园与一些京剧爱好者们学唱京剧是她不可少的日常活动之一。她也喜欢收集些精致有特色的小摆件小瓷器小彩石之类，所以只要有机会见到那些东西，我就淘换点回来做“贡献”。

近十年来，她开始热衷于养花弄草，用牛奶鸡蛋啤酒款待所养植物，并用语言鼓励它们快乐成长，其中一些识趣的花卉用“梅开二度”来讨她的欢心。老伴与我相伴就需要融入到我养父母家人口众多的大家庭里，还要与不少亲友们交往。可以说一年四季与人接触交流之事不断。无论事情轻重缓急，感情深浅，她都能坦然面对，真诚相待。她对长辈尽孝不误，对平辈和小辈平等相处不分远近。但限于我们的经济条件，涉及钱财之事只能做到力所能及了。总之，老伴彦鸣让我有了平安温馨的家。尤其是从2007年起，我因为先后患过急性肠梗阻、前列腺肥大、左眼底出血、胃息肉等疾病住院四次，再加上心脑血管疾病，多次看急诊。我每次住院她都多次往返于家与医院之间，日夜陪护在病房。在我做前列腺切除手术时，因为前列腺的刀口无法上药，是用流水冲洗方法止血的，她一夜未眠，连续为我处理冲洗刀口的血水，不仅劳累，还承受了极大的精神压力。时常是我的病痊愈了，而她是很长时间以后才能从身心伤痛中恢复过来。更让我不能忘怀的是，在她与我这个“另类”走到一起的过程中曾遭受的非难，虽然是短暂的，但那是与她生命攸关的经历，是我的不慎让她遇到了那样危难时刻。我在此衷心感谢老伴多年来无怨无悔的相伴相随，细致入微的体贴爱护。也请原谅我的某些任性和草率。

我与老伴各有两个孩子，他们都有稳定的工作，有的已经退休，虽然不富有，但是生活安定，衣食无忧。他们各有一个后代，有的已经大学毕业参加工作，有的尚在幼儿园玩耍。我们也衷心祝福孩子们健康平安，正直善良。

九、体验与感悟

（一）与铁路火车的缘分

记得我幼小时候在故乡的村子里见过小型公交巴士和出租车，可是在记忆里，第一次乘坐的交通工具是母亲带我去海滨时坐的火车。我在年轻时候的首个工作单位，是铁路工程队，参与了铺设铁路的工程。也许是这种经历，让我与铁路火车有了某种缘分，因此在所有交通工具中，我最喜欢乘坐火车。特别是能乘坐硬卧客车的下铺出行，对于我是一种难得的享受。硬卧车厢虽然空间不大，但是它如同会移动的小家，基本的生活所需俱全，在车内活动休息自如，可以欣赏窗外的景色，与乘客聊天交流，也许会遇见个投缘的“驴友”。可是让我有些感到不安的是可能在不久的将来硬卧列车要被淘汰了。的确，这种人类的代步工具，从100多年前的马匹拖动，进步到烧煤、燃油的蒸汽、内燃机车，之后过渡到电力驱动的列车，运行速度越来越快。现在已发展到赶超飞机的动车、悬浮列车时代。虽然我承认车速的提高促进了社会前进的步伐，但是很怀念曾经与普通火车有过的温暖“互动”的缘分。

老伴调来北京不久的一个夏日，我们想去周口店参观北京猿人遗址博物馆。那天到了北京站未能赶上去周口店的列车，于是乘坐开往石楼站的通勤列车前去。石楼站虽然离周口店只有一站远，可是炎炎烈日下不敢贸然徒步前往。正准备找车回家之时，我发现近处有位铁道路口守护员，便跑去向他说明原因，询问有无公共汽车通过此地开往北京，他想了片刻，忽然让我转身，手指不远处的内燃机货车说：“那趟货车马上要去周口店方向，去问一下能不能带你们一程。”听后我和老伴赶快跑去求助。二位年轻正副司机很痛快地让上了车，我们坐在内燃机车车头内，迎着凉爽的清风很快到达周口店。下车后为了表示谢意，向司机赠送一把新购置的折扇，但是他们无论如何也不肯收下，只好目送他们离去。在“仙人指路”和“善人相助”的关照下，我们体验到一次“心想事成”的真实感受。

有一年，我与原单位美工组成员陈登杰和郭芳才应邀到门头沟妙峰山公社画毛主席像，休息时我们几个在公社周围散步，观看当地环境。觉得那里的山水风景很“入画”，所以决定组织美工组成员去写生。约定出发当天上午某时，在石景山南站集合，乘火车去妙峰山。那天参加活动的成员来自全市各方，有乘公交车的，也有骑自行车来的。在接近集合时间的时候，我正在带领部分从公交车下来的学员赶往石景山南

站。眼看时间紧迫，我命大家跑步赶路。此时听到蒸汽机车的轰鸣声由远至近，就要进站了。忽然发现，前面有几个推自行车的成员走出了车站，我大声呼叫也没起作用，眼看火车已经驶进了站台内，我从已经等在站内成员中得知，推自行车的人们是到遇见的熟人家存车去了。我突发奇想，能否让火车等一等，于是飞速跑到车头旁，斗胆向司机提出等人的请求。让我感到惊喜的是，司机师傅看了手表大声说："好了，等你们一分钟！"，我想这宝贵的一分钟，年轻人可以跑出几百米远的路，那几个成员肯定能赶上火车。令人不解的是，列车开出站台后，他们才慢悠悠地赶到。我心中充满对那位司机破例等待乘客的感激之情，眼看远去的火车，望车兴叹了。后来我们几个成员骑自行车赶往妙峰山，在一段上坡路途中，一辆自行车的前叉子折了。因为耽误了太多的时间，未能与乘车先到的学员们会合，度过了哭笑不得的尴尬一日。2015年从《北京晚报》上得知，石景山南站要永远地弃用了，一股暖暖的怀念之情悠然而生。退休之前，一次到武汉市重型机床厂出差，待事情得以解决，又买好了回程的卧铺票之后，在乘车前的空闲时间去看望蔡应章老师。到他家后，蔡老师先带我去菜市场，帮我买了带回北京的礼物。之后在交谈中他要看我的火车票，他仔细看过后说："不好，还有一刻钟就要开车了。"幸亏他家离武昌火车站不算太远，我和他赶忙到我入住的大东门宾馆取行李，拜托他过后再替我去宾馆结账。我们乘无轨电车赶到武昌站广场时，离火车开车时间只有一分钟，我疯狂地跑到检票口，但已经空无一人。我不顾一切跳过栅栏跑向站台，眼看信号员举起绿旗，见我向他跑去，立刻换成了红旗，说了声："你真会卡点来啊。"并示意列车员打开已经关上的车门。我的疏忽大意，给我的朋友和列车管理人员增添了不小的麻烦，我应当再次向他们致谢和道歉。

（二）从气功受益

我从1957年患过较重的腹膜炎之后，反复得了几次肠梗阻，又患过已经形成潜血的十二指肠溃疡和痔疮等消化道疾病，此后又因为心脏病被抢救过几次，近几年又被检查出腔隙性脑梗。在强调健康是革命的本钱的年代流行起来的气功热潮中，单位的厂工会也曾经组织职工学练气功。为了恢复体能，我也学习了几种气功。在最先接触的鹤项庄气功中，由于是练功时间比较长，或者是“心诚则灵”的应验，我在练静功时，还出现过三次奇异现象。就是在练静功时，瞬间感觉自己失去了体重，悬浮在半空中，让人处在非常轻松舒适的忘我状态里，可以持续5至10分钟。据说这种现象只能是在顺其自然中出现，假若有意识地去追求，便让人进入“走火入魔”的危险境地。鹤项庄气功，至少助我治愈了十二指肠溃疡病。后来在中山公园，我向一位气功师求教。他是“三八”年老干部，某大医院的副院长，年近80岁，看起来身板笔直非常健康。我应邀在他家里学习智能功，他为我发功一次，就让我在一日之内觉得身上所有病态全部消失，恢复到走路健步如飞的健康状态。我从他与别人合影的照片里看见只有他的身上有一圈白色的眩光。就是这样健壮的气功师后来竟然患上食道癌而离世。这件意外结果让我对气功打上了不小的问号。所以有很长一段时间放弃了对气功的学练。可是后来又有幸遇见了先天自然功，此气功又称先天健康法。是山东姜宗坤老师创立，由中国

农业学大的潘朝东老师具体传授。这是我最喜欢也是受益最大的气功。

我退休之后有很长一段时间被心脏病所困扰，出现全身无力的症状。有时勉强骑自行车买回蔬菜，需要让老伴下楼把菜提上去，我自己费力手握栏杆爬上四层楼回家。因为夜间憋气不能平卧，在沙发上坐着睡了好几年。我自费在阜外医院做心脏检查，也到各大中西医院接受治疗，但是症状越来越严重。1997年初春的一天上午，经别人推荐，我与老伴打车到万寿路的一个居民小区，去咨询先天自然功的有关内容。到达目的地，看到二三十人聚在一起练功，等他们练功结束后，我向负责人说明来意。三位气功辅导员用一个多小时时间，详细讲解了先天自然功以“以善为乐，以乐求善”的练功宗旨和练功方法。先天自然功是根据人类身上所具有的善良和快乐本能，通过练“乐”，有效提升品德性格才干方面的修养，开发和提高人的先天本能与后天功能，实现人类的完满健康，达到人与自然和谐、人与社会和谐、人与自己心身的和谐，所以先天自然功又称为“道德功”或“快乐功”。我边听边觉得这个气功最符和自己的心意，很快感觉到气功与我身体内的某种潜在功能产生了共鸣，或接收到了此气功中的能量信息，身体内部在发生奇异的变化，感觉到从多日无力的病态中逐渐恢复了健康。当告别气功辅导员离开万寿路时，一反平日那种走近路时骑自行车，去远处时打车的状态，很轻松地走到万寿路地铁口，并毫不费力地走到地铁入口处，乘上长期不敢乘坐的地铁回家。当日午饭后，抑制不住激动心情，分别去探望了两位同事。学练先天自然功后的15年期间，在停服了所有药物的情况下，心脏功能一直很正常。

后来由于禽流感的流行和其他原因停止了练功，但先天自然功所提倡的观念仍然在影响着我的日常行为。从我个人练功的体验效果，认为观念和功法正确的气功对促进人们的身心健康，挖掘人体内潜在功能是有益的。希望中医文化瑰宝之一的气功得到保留和发扬。

（三）治病有感

改革开放迎来的经济发展使人们的生活水平逐年提高，老年群体的生存状况也不断改善，大家都希望健康平安地度过晚年生活。我与老伴也不例外，现在除了一些社会活动和应酬之外，最关注的就是自身身体状况。我们认为尽量保持健康，延缓与病魔接触的时间，不仅对自身有益，也可以减少孩子们的负担。为此，首先注意日常饮食内容，严格控制油盐的品质和数量，每日吃进的主食、蔬菜、肉类、水果等不少于30种以上。其次是调整好心态，淡泊名利，多点宽容，减少烦恼，保持心情舒畅。还要长期坚持晨练和有益的户外活动，要多与人接触交流，要不断学习接受新事物，用于防止大脑过早退化。我与老伴从报纸杂志、书籍和电视广播中，了解和掌握有关健康信息与方法，并且定期检查身体，发现异常及时检查治疗。

2007年4月的一天晚间9点，我突然腹部剧痛并呕吐，呼叫来急救车去某知名三甲医院看急诊。进了院门，先被安排看肠道门诊，后转到内科再转外科，每转一科就开药、输液。最后到次日清晨6点，经过腹部透视才被确诊为急性肠梗阻，需要住院治疗，但是没有床位。无奈，老伴抱着自费1000多元的不对症药品，找到另外一家三甲医院，我才得以

接受治疗。到了2009年元月，即春节的前两天，我因患前列腺增长排尿困难到某三甲医院做检查，结果查出血液中PAS标识物比正常标准超出一倍以上，医生马上开出住院单子，让我春节过后的正月初七带3000元现金住院做前列腺活体检查。我不太认可这种结果，便到另外一家三甲医院去咨询，医生告知说，我前面去过的医院不大可靠，让我春节后的初六到他的医院做活体检查，也开出了住院单子。我还是不放心，在网上找到北大医院有个泌尿研究所，于是第二天拂晓赶到北大医院，一位年轻医生让我重做PAS检测。检测结果是除夕下午3点半拿到的，平日里比热闹的集市还拥挤的医院内已经空无一人。我拿到化验单后忐忑不安地到诊疗室找医生，他仍然在岗位上，看了检查单后说："没事儿了，回家过年去吧。"我犹如从阴暗的雾霾中重见蓝天白云，度过了轻松愉快的春节。我暗自庆幸，通过努力逃过了一劫，在感谢网络时代给人们带来方便的同时，认识到若患上重症，在条件允许的情况下，应当到两三家医院多咨询，以便对自己的病症有个准确的了解。

俗话说"有病乱投医"，我也有过急于求成，想走捷径而轻信某些广告、陷入骗子们设下的圈套的经历，不仅造成经济损失，还延误了对疾病的治疗。很多虚假广告是在权威性报纸杂志上发布的，希望有关部门严格审核广告内容，为百姓提供准确可靠的信息。当前医患关系也成为社会问题之一。我作为患者，觉得绝大多数的医务工作者为患者提供了良好的医疗服务，尤其是在城市的大型医院，面对洪流般的病人，医生们的辛劳和耐心令人敬佩。对于为我看病的医生，告辞时总不忘道一声谢谢。如果能遇上态度和蔼、诊疗耐心，甚至送我离开诊室的医生，心情一舒畅，就觉得身上的病状减轻了多一半。因此我认为人的健康程度是与自己对身体状况的了解、懂得些医疗常识和保持良好心态有很大关系。

我们人类，是由肉眼无法识别的微小卵子和精子结合形成的生物形态，这个微小生物，从怀胎到离开母体，成长为结构完整合理、功能全面、思维敏捷、语言丰富的生命体。为了正常完成从“生”到“亡”的生命过程，继承了有史以来所有生物遗传信息，生成强大的免疫功能。地球上的生物，从诞生、进化到猿人的出现，经过了二三十亿年的漫长时光，由猿人过渡到现代人类，又送走了几百万年岁月。从万年前至今，人类迈出的进化步伐越来越大，其生存状况比原始时期有了极大改善，但是人类本身具备的状态和基本需求，也就是其本能几乎没有什么变化。千年来，尤其是近百年，随着饮食丰富多样，人类智能的提高，对生产工具的改进、使用能力突飞猛进，从蒸汽机为主的工业革命，已发展到电子时代。虽然人类的居住环境、交通、通讯及文化教育等诸方面有了质的飞跃，然而在生存本能的驱使下，前进的步伐永远不会停止。在无休止的开发、推进，甚至是掠夺、争霸，将人类赖以生存的地球面貌改变得面目全非。当代的我们生活在天空、大地、水源都遭受不同程度污染的世界里。另外，人类也是进化的动物之一，从远古以来所吃食物基本与猩猩相似，是以植物为主兼食少量肉类。但是现在人们过量食用动物脂肪、蛋白质等物，损伤了人类食物链的平衡状态，再加上天灾人祸、病毒肆虐等原因，我们的健康状况每况愈下。目前虽然医疗条件大幅度改善，人体奥秘逐步破解，但还是有很多疑难病症有待攻克。面对现实，我们要从各种信息渠道获取有关健康知识，向有专业知识和实践经验的医务人员请教，也要坚信体内具有的强大免疫功能，把

生存主动权掌握在自己手中，保持乐观平和的心理状态，争取健康平安地度过宇宙赐予我们的有限人生。

（四）休闲时间

我与老伴住在石景山地区一座阶梯楼里。所谓阶梯楼是唐山地震后所建，它的外形，像是横放着的大台阶形的建筑物，是一种楼内有天井构造的独特防震居民楼房。我们所居住的六层高楼房，近乎处于小区中心位置，与东西南北四个出口的距离相差无几。从家里的南、北、西三方面窗口内，可以看到以雪松为主的高大树木，仿佛居住在小森林之中。如果能早日拆除小区内违法建筑，并整修路面和改善卫生条件，那就感激不尽了。南北通透的两间居室结构，让人感觉别扭，但通风效果良好。因为楼内没有电梯，担心几年后被困在家里，但愿“车到山前必有路”吧。

在空闲时，我还是愿意拿起画笔涂抹油彩，在画布上再现某种自然景象。原来我并非喜欢绘画，是年轻时“革命工作需要”，才开始学习画画，当起业余宣传员。后来参加了中央美术学院举办的短期培训班，逐渐对风景油画产生兴趣。退休后曾经想到美术学院研修班学习，可是参观了美院学生毕业画展，见到的多数作品是非写实的内容，所以放弃了去进修的念头。之后主要是靠参观美术展览，出外写生和欣赏画册来自学。有很长时间，热衷于探究法国印象派绘画的观点和技法，但是近几年觉得古典、自然写实的画风更贴近自己的观念和追求。我个人认为，人类在原始生存阶段，是从自然界的河流海洋、草原森林中获得食物和栖息地，随着工具的使用，生产力的提高，促成大脑功能进化，逐步向现代人过渡。在此过程中，人类开始用各种方式感谢大自然的恩惠，也表达对自身生活的感受。包括中国在内的世间各地发现的原始岩画，就是当时人类用绘画形式，画出与生存条件关系最密切的太阳、动物等形象。可以说，自古以来绘画就是用各种工具材料，记录或描绘自然万物和人类本身活动的。如果以绘画的技法而论，中国的唐朝宋代，西方的15世纪前后的写实画法都达到了最高水平。此后在社会动荡或科技发展的原因，绘画表现的内容和所用工具材料多种多样，除了为政治、宗教等服务之外，其主要功能还是布置于室内供人们欣赏的。据我观察，作为室内装饰或观赏之物，多数人喜爱色彩淡雅的写实作品。我所送出的油画，都是写实的风景和动物内容。因为求画人较多，至今仍然欠“外债”不少。我曾上过中国书画函授大学，学了点中国画，所以尝试用油画色彩画出的国画效果，画友和绘画爱好者都欣赏这种画法。现在因为年龄关系和缺少写生同伴，所以把外出写生改用相机拍摄，也用电脑处理画稿，觉得很难为情。也许是出生于山村的缘故，我从幼小时就喜欢自然风景。以后在工厂上班，管理全厂设备备件时，参加备件订货会议，根据会议安排或自由活动，去过黄山、桂林、安顺等地去游览，漫步于黄山的奇峰云海苍松、漓江的青山绿水和黄果树瀑布之间，大自然的鬼斧神工塑造出的地貌形态令人感叹，甚至催人泪下、流连忘返。这种用视力观赏到的现实景象，即使是超人的画者或最高档的相机也是不能再现的。所以绘画只能是人们用工具材料描画出自己所见所思的形象，借以表达某种感触或观念；而观赏者是从别人所绘“画”中

引起一些联想或感悟。二者都可以提高人们的观赏、审美能力，有益于文化修养。我现在用油画画法表现某处风景时，通过仔细构图、形象刻画和色彩运用，试图画出多数人可接受的画面。我所学习到的绘画小技巧，在几十年的人生经历中，除了本职工作外，根据需要可以派上各种用途，比如在参与筹备大型展览会等活动中，能见识较大场面，接触各阶层人物，从而扩展了自己的视野，增长了知识技能。也增添了生活乐趣。所以，我觉得在现代生存竞争明显的状况下，除了基本的职业素养之外，掌握了某种一技之长，或持有与众不同的特长，就在选择职业上有了不小的优势。也可以在职业岗位上做出更多的贡献。我有一个远亲的女孩儿，从小跟她爷爷学习书法和打算盘，学练出超出常人的本事，大学未毕业就被香港某大银行聘用，至少有了理想的职业。

我第二次去日本探亲时，购置了一套音响设备，之后慢慢养成听音乐的习惯。虽然在日本和中国上小学的时候学唱了少儿歌曲，但是因为本人发声功能不给力，所以在所学课程里的音乐课分数是最低的。因此，对后来流行过的卡拉OK等歌唱活动也毫无兴趣。其实，我最早对音乐有了些喜好，是在每月收入16元时期的学徒期间，当时因为住宿在西单商场对面的原因，有机会花几角钱，到西单附近的中央音乐厅听音乐，听得比较多的是著名指挥李德伦指挥的交响乐，女歌唱家刘淑芳的独唱歌曲。可是我只是对某些乐器的独奏节目情有独钟。时至今日仍然对大部分中西乐器不懂也没有见过，我仅仅喜欢听少数乐器演奏出的独特声音。比如中国的古琴、二胡；西方的钢琴、提琴和吉他等。电影《辛德勒的名单》中，约翰·威廉姆斯的提琴插曲，能引起我心灵的共鸣。现在出于多方面的原因，不能去听音乐会的演出，我只好在家里通过质量好点的音响设备，收听CD盘里的或网上下载的演奏效果了。近来很喜欢听音乐学院的巫娜与其乐队以古琴为主与其他中西乐器合奏的乐曲。我没有见过古琴实物，也没有听到过现场演奏，但是听录音转播的声音，就觉得中国古琴的音域宽度、音频高低、音调的独特和指法的多变，其乐器的表现力，不亚于西方钢琴。古琴是中国古文化瑰宝之一，希望得以推广普及。

（五）我所了解的中日双方政府对日本“遗华孤儿”的关注

我在下面摘编当年聂荣臻元帅和温家宝总理，对“日本遗孤”的态度和关注内容，他们以海洋般宽阔的胸怀，对待给自己的国家和民族造成空前灾害的敌国孩子，不仅挽救了他们处在战火中的危难生命，而且始终关心他们的成长，并鼓励他们走向正确的人生之路。聂荣臻元帅和温家宝总理所代表的中国政府和人民的善良和举措，还很大程度上影响和改善了“日本遗孤”归国后的命运。所以我记录于此，心怀感激之情永远地记住他们的恩德。

聂荣臻元帅与日本“女儿”美穗子

1980年7月14日，在北京人民大会堂，美穗子紧紧地握住聂荣臻元帅的手，泪流满面，她终于见到阔别了40年的“父亲”。聂荣臻元帅也握着美穗子的手舍不得松开。

1940年8月21日，正在指挥战斗的聂荣臻听说部队在炮火中救出了两个父母双亡的日本小姑娘，便将她们接到了指挥所。他说：“虽然敌人残忍地杀害了我们无数的同胞，但这两个孩子是无辜的，她们是战争的受害者，我们一定要好好地照料。”

聂荣臻拉着稍大一些的女孩，亲切地问她名字，知道她叫兴子。这个女孩就是美穗子。看到她惊恐的神色，聂荣臻便拿出一个甜梨和蔼地说："这梨洗干净了，吃吧！"美穗子见聂荣臻和善可亲，便接过梨吃了起来。吃饭时，聂荣臻还亲自给她喂饭。不久，美穗子不再拘束了。她拽着聂荣臻的裤子跑前跑后，形影不离。为了安全起见，聂荣臻派人将她们送到了日本军营，但聂荣臻始终牵挂着两位日本小姑娘的下落。

1980年5月28日，《人民日报》发表了《日本小姑娘，你在哪里？》的报道。日本《读卖新闻》予以转载。美穗子回忆说："当《读卖新闻》的记者拿着我的照片找到我时，我激动得哭了。没想到40年后，还能找到救过自己的亲人。那时我已在都城市安家落户，和丈夫与三个女儿生活得很幸福。"

当美穗子知道当年救助她的恩人聂荣臻元帅在找她的那天晚上，美穗子激动地给救命恩人聂荣臻元帅写信，表示感谢，并表达了想到中国访问的愿望。她的愿望很快得以实现，1980年7月10日晚，她家里一行六人，乘飞机从长崎来到北京，受到聂帅女儿聂力的热情欢迎。第二天美穗子见到聂帅，她觉得身材高大又非常温和的聂帅，像是自己的亲生父亲。她拉着聂帅的手，用日本最高的礼节，将自己额头触在聂帅的手上，泣不成声。

这次见面，聂荣臻元帅送给美穗子一幅松竹梅《岁寒三友图》。他说："在寒冷的冬天，百花凋谢，只有松、竹、梅可以保持勃勃生机。我祝愿中日友谊像它们一样经得起考验。"美穗子特意将自己家门改建加高，用以悬挂这幅珍贵的中国国画。而美穗子赠送给聂帅的礼物是称之为"人形"的身穿和服女孩儿的绢人，是日本人送给贵客的最高礼品。随后美穗子对聂帅40年前的救命之恩表示感谢，她说："我来的时候，许多日本人特别是参加过侵华战争的日本旧军人，托带口信，向中国人民表示道歉和谢罪。"聂帅说："日本军国主义者发动的侵华战争，给中日两国人民都带来了巨大的灾难，你就是其中的一个例子。接到你的来信知道你回日本后有一段苦难的经历，这次看到你有一个幸福美满的家庭，我很高兴。"美穗子说："您是我的救命恩人，您救了我，我才有今天这样幸福美满的家庭。"聂帅说："这不是我个人的问题，我们这样做，是因为中国人民解放军有人道主义的光荣传统。过去我们对俘虏，对放下武器的敌军，就不以敌人对待。俘虏愿意留下的可以参加我军，不愿留下的放回去，还发给路费。我们要向前看，全在今后的努力，中日两国是一衣带水的近邻，没有理由不友好，中日两国人民要世世代代友好下去。"

聂荣臻与美穗子

聂荣臻元帅是伟大的无产阶级革命家、军事家、政治家，他从战略的层次和高度重视中日两大民族世代友好的重要性，他对美穗子访华问题，除了弘扬我军革命人道主义精神，和对美穗子父辈般的感情而外，最主要的着眼点，正如他说的，愿中日友好万古长青！

1986年，美穗子夫妇再次来华探望聂荣臻。美穗子说："父亲要我们为中日友好事业出力，他还希望我所在的日本都城市能和他的故乡江津市结为友好城市。"1999年，在聂荣臻元帅100周年诞辰之际，中国江津市与日本都城市结为友好城市。积极促成此事的美穗子激动地说："我终于完成了父亲的遗愿。"

1980年聂荣臻与美穗子在人民大会堂相见

为了友谊与合作，需要继承和发扬中日友好源远流长的历史传统。在绵长2000多年的交往中，中华民族和日本民族相互学习、相互借鉴，促进了各自的发展和进步。

自秦汉以来，种稻、植桑、养蚕、纺织、冶炼等生产技术相继

从中国传到日本，汉字、儒学、佛教、典章和艺术也为日本所吸纳与借鉴。日本先后十多次派出遣唐使，阿倍仲麻吕便是其中杰出的一位。他在中国生活了几十年，并担任唐朝的重要官吏，与王维、李白等著名诗人结为好友。鉴真和尚东渡日本，五次渡海失败，以至双目失明，但仍矢志不移。他第六次东渡成功时已66岁高龄。鉴真和尚把他认为能济世渡人的佛法传到日本，实现了多年的夙愿，前后花了12年。他为发展中日两国人民的友谊献出了自己的一切。去年12月，河野洋平议长在中国文化节开幕式上说过：日本文化传统中散发着中国文化的浓郁馨香，表明日中之间有着割舍不断的因缘。我想说，中国文化传到日本，贵国的先人在保持日本传统文化的同时，又有了许多新的创造和发展。我还想说，明治维新后，日本经济社会快速发展，中国大批志士仁人来到日本，学习近代科学技术和民主进步思想，探求振兴中华之路，促进了中国的发展和进步。中国民主革命的先行者孙中山先生开展的革命活动，曾得到许多日本友人的支持与帮助。周恩来、鲁迅、郭沫若先生等先后在日本学习和生活，同日本人民结下深厚情谊。

中日两国友好交往，历史之久，规模之大，影响之深，在世界文明史上是罕见的。这是我们共同拥有的历史传统和文明财富，值得倍加珍惜，世代相传，发扬光大。

为了友谊与合作，需要总结和记取不幸岁月的历史教训。众所周知，中日两国人民长达2000多年的友好交往，曾被近代50多年前的那一段惨痛、不幸的历史所阻断。日本发动的侵华战争，使两国人民遭受了深重灾难，人员伤亡惨重，财产损失巨大。给中国人民心灵造成的创伤难以用语言来形容。那场战争也给日本人民带来了巨大苦难和创痛，对此上了年纪的人们至今记忆犹新。沉思历史，使我们更加深刻地体会到：中日和平友好，关乎两个国家的命运和人民的福祉。在一个国家、一个民族的历史发展进程中，无论是正面经验或是反面教训，都是宝贵财富。从自己的历史经验和教训中学习，会来得更直接、更深刻、更有效，这是一个民族具有深厚文化底蕴和对自己光明前途充满自信的表现。

中国老一辈领导人曾多次指出：那场侵略战争的责任，应该由极少数军国主义分子承担，广大日本人民也是战争受害者，中国人民要同日本人民友好相处。在战火纷飞的年代，聂荣臻元帅在战场上救助日本孤儿美穗子，亲自精心照料，并想方设法把她送回亲人身边。1980年，美穗子携家人专程去中国看望聂帅。这个故事感动了许多人。战后，有2808名日本孩子被遗弃在中国，成为孤儿。饱受战争创伤的中国人收留了他们，把他们从死亡线上拯救出来，并抚育成人。中日邦交正常后，中国政府为这些遗孤寻亲提供了极大的帮助。至今已有2513名日本遗孤返日定居。他们当中许多人回国后，自发成立了诸如“中国养父母谢恩会”等民间团体，并在中国捐建了养父母公墓和“感谢中国养父母碑”，其中一个碑文这样写道：“我们对中国养父母的人道精神和慈爱之心深深地感激，此恩永世不忘……”。

在这里，我还想提及一件事。中国北方的港口城市葫芦岛曾是侵华日军运送石油的地方。就在几座残留的储油罐旁，矗立着一块石碑，记载了战争结束不久，在交通不便、物资极度匮乏的条件下，中国人民全力帮助105万日本侨民平安返回家园的历史一幕。当年从葫芦

岛回国的一位日本女士深情回顾了她的亲身感受。她说："无论是200多个日本孩子在石头村寒冷的夜晚得到的救助，还是在遣返途中的沿路救济；无论是东宁老乡救命的干粮，还是葫芦岛酸甜美味的柑橘，都给我留下深刻印象。善良、宽容的中国人让我们落魄的惊魂得以抚慰，也让我们最终登上了回家的轮船。"去年6月，日本前首相村山富市先生在参加葫芦岛纪念活动时说："大遣返真正体现了中华民族的宽宏大量和中国人民的人道主义精神。"

中国政府和人民历来坚持向前看，一贯主张以史为鉴、面向未来。强调以史为鉴，不是要延续仇恨，而是为了更好地开辟未来。中日邦交正常化以来、日本政府和日本领导人多次在历史问题上表明态度，公开承认侵略并对受害国表示深刻反省和道歉。对此，中国政府和人民给予积极评价。我们衷心希望，日方以实际行动体现有关表态和承诺。中日和则两利，斗则俱伤。实现两国人民世代友好，完全符合历史潮流和两国人民愿望，也是亚洲和国际社会的殷切期盼。

（摘编于2006年8月21日中国网等）

《温家宝总理2009年11月11日会见日本遗孤感谢中国人民养育之恩访华团》报道摘编

11日下午，中南海迎来了一批特殊的客人——日本遗孤感谢中国人民养育之恩访华团。此次，由45名遗华孤儿自发组成的访华团，平均年龄超过70岁，他们此行是为看望给予他们第二次生命的中国养父母，感谢中国人民的养育之恩。这也是日本遗孤首次组成大规模访问团来华谢恩。

“感恩团”的成员们刚一下车，就见到了已经迎候在紫光阁门外台阶旁的温家宝总理。在把“感恩团”成员们请进紫光阁并热情地招呼大家落座后，温总理说：“我知道今天日本遗孤感恩团来到北京，心里既高兴又对你们非常思念。我看了有关你们的报导，感动得落了泪，所以决定把这些孩子们，其实现在也是老年人请到中南海。我和你们谈谈心，然后带你们到中南海走一走，特别是到周总理住过的地方西花厅去看一看。我们这是亲人之间的谈话，不拘形式，所以你们想说什么就说什么。谁先说？”

温总理温暖亲切的开场白感动和鼓舞了“感恩团”的成员们，大家争先恐后地发起了言。从感谢中国人民养育之恩，为中国60年来繁荣富强而骄傲，从捐献自己并不宽裕的收入，为四川灾区修建希望学校，到表达要为中日世代友好做贡献的真诚心愿……伴随着欢笑与泪水，这些平均年龄已过七旬的日本遗孤们动情讲述着他们对中国人民的感激和中国故土的眷恋之情。而一首“感恩团”成员自己创作的歌曲《我有两个家》更将会见现场气氛推向了高潮。歌曲中唱到，“说

句心里话，我有两个家，一个在东瀛，一个在中国……”。在场许多人的泪水伴着歌声淌下来。

温总理动容地说：“你们从心底里讲的话，出自肺腑唱的歌，让我听了之后非常感动。你们这一辈子经历了千辛万苦，但是历史教给你们许多道理，你们应该把这些化作实际行动，来促进中日友好。”

大雪后的中南海带着阵阵寒意。从紫光阁到西花厅沿路上，温总理与日本遗孤们边走边话家常，“昨天这里刚下过雪，日本冷不冷？”，“这是我们开会的地方”……借物思人，来到西花厅，温总理向大家介绍：“这是周总理和邓颖超的照片，这是他打乒乓球的地方，这是他工作的地方”……

不知不觉，已近暮色。温家宝总理在西花厅门口和大家合影留念，并把“感恩团”成员们一一送上车。汽车启动了，温总理不断地与大家挥手道别……

（本文来源：2009年11月12日《国际在线》）

日本政府关注“遗华孤儿”

日本政府厚生省于1975年3月12日，正式开始调查“遗华孤儿”问题。从1981年至1999年，在中方协助下，共组织和接待了30次“遗华孤儿”团体回日寻亲活动。1984年开始，招待已归国定居“遗华孤儿”的养父母到日本访问，并规定每年可以去。1986年，日本政府按每月60元人民币，累计15年，即10800元，作为一次性补偿金，通过中国红十字会，转交给已经归国定居“遗华孤儿”的中国养父母们。从1987年至1995年，在日本二十余个市、县，先后成立了“中国归国者定居促进中心”或“中国归国者自立研修中心”，具体安置“遗华孤儿”居住，学习语言、培训职业技能等事务。在采取上述多种措施的同时，颁布了必要的法令和规定，来保护“遗华孤儿”回国定居后的基本生活需求，养老金等正当权益。还有，对确认“遗华孤儿”身份产生障碍时，制定了应采取的特殊解决方法的制度，以解决认亲时产生的阻碍。并设立了“财团法人中国残留孤儿援护基金”，具体实施对短期回国探亲“遗华孤儿”的往返旅费、逗留期间生活费用等的支付等。

大约从十几年前启动了由政府厚生省和财团法人中国残留孤儿援护基金，具体安排组织自愿回国探亲的“遗华孤儿”，为期12天的集体探亲活动。这种活动，在中国国内，参加者在指定地点聚齐后，由日本驻华使馆，并在中国国际旅行社协助下，负责接待、办理签证、购机票出行时送往机场、归来时到机场迎接。到日本后，由厚生省和“援护基金”工作人员负责接机，入住高档宾馆，再按计划组织

探亲、旅游、参观等具体活动。因为上述活动费用由“援护基金”提供，一切行动有人带领，有人接送，还备有轮椅，其服务极其热情周到，所以得到我们这些耄耋上下的老年“遗孤”的欢迎。

大约从2010年始，驻华日本使馆邀请我和老伴到使馆官邸，参加春季尝樱会和冬季日本天皇诞辰庆祝活动。在使馆内新认识了六七位与我身份相同者，他们的年龄与我接近，有男有女，大多在企业工作过，有人还享受国务院特殊津贴。在2011年的尝樱招待会期间，前任大使丹羽宇一郎为我们在京的四位“遗孤”家庭举办午餐会，在餐桌上他让我们每人谈谈个人经历和希望。我最后发言，除了介绍个人情况外，把多年想实现的愿望讲给他听：“在多次探亲期间，我有时候到厚生劳动省去咨询某些问题，其间顺便提出希望日本政府或民间团体向救助养育了日本孤儿的中国养父母表示感谢，并给予一定的补偿。也曾经向财团法人中国残留孤儿援护基金会长写信，表达同一愿望，但一直未得到官方回应。”一星期之后，我从日本使馆网页上见到，丹羽宇一郎大使在接受《中国青年报》等四家报刊采访中都提到，在他任期内要到中国各地去向中国养父母们表示感谢。之后他认真履行了诺言，先后到山东、东北等地走访了养父母和家属们。当年6月1日，丹羽大使在使馆官邸举行隆重仪式，向在京的几家养父母表示感谢。我的养母应邀参加仪式，我陪同养母，携小弟林忠小妹淑请和老伴彦鸣，到日本使馆官邸。当丹羽大使鞠躬施礼，亲手把日本政府的感谢状呈交给我的养母时，年逾90，因脑血栓丧失语言功能的养母高兴得笑了。次日，中方的《环球新闻网》、日方《东京新闻》等报道了此事，也给我寄来所报道的内容。因为间隔甚久，绝大部分养父母们都已过世，恐怕我的养母是唯一亲自接受感谢状的老人了。丹羽大使也说此事做得太晚了。所以我觉得只是了却了期盼多年的一件事，内心的遗憾多于安慰。

部分“遗华孤儿”与日驻华使馆大使等人合影

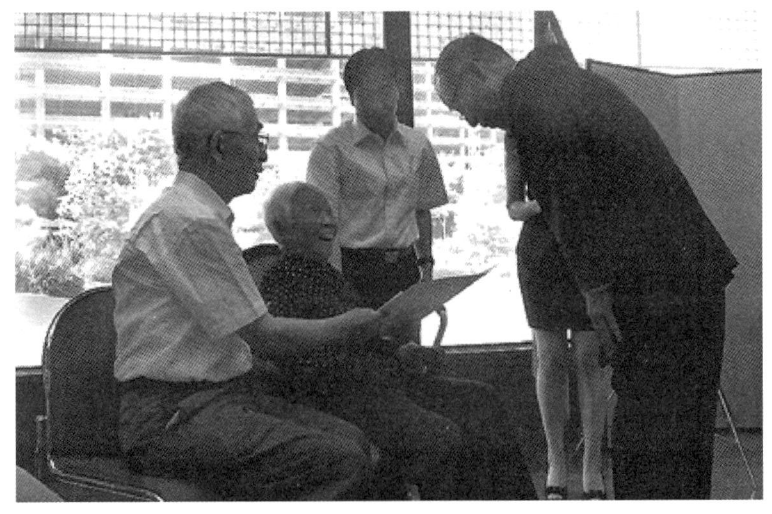

丹羽宇一郎大使向养母颁发感谢状

养母、小弟林忠、小妹淑清与丹羽大使合影

日驻华大使向遗华孤儿养父母授感谢信赞中国人善良

（环球网记者李亮报道）战争，所到之处皆人丁凋敝，大地疮痍。但在离乱中，有一种大爱能穿越敌我之界与历史风尘。日本遗孤，这是世界二战史上最为传奇而荡气回肠的一章，也是中国人对这种大爱的完美注解。北京时间6月1日，日本大使丹羽宇一郎在其官邸举行“遗华孤儿养父母感谢信授予仪式”。他代表日本政府，向在日本侵华战争后收养日本遗华孤儿的中国养父母递交感谢信，感谢他们超越国仇家恨，给予战后流落异国的日本孩子“第二次生命”。

“1941年，我和三个弟妹跟随参加开拓团的父母来到中国。战争末期，一个完整的六口之家只剩下我自己。由于饥饿和疾病，我已奄奄一息，是我的养父母救了我，给了我第二次生命。”出席仪式的王林起（日文名：渡部宏一）回忆起他于1945年夏末在沈阳的经历时几度哽咽。而他身旁满头银发的老人，正是他的中国养母，89岁的贾凤朝老人。

也是在这个夏末，被遗留在东北的余作民（日文名：真真田丰彦，79岁）、张国安（日文名：山中重一，73岁）和孙生华（日文名：佐佐木庆子，67岁）也走进东北三个农民家庭，成为中国的孩子。在经济极其窘迫的五六十年代，他们的养父母费尽心血，使新添的孩子得以存活。而在政治斗争的年代，他们背上“收留日本人”的罪名，将孩子藏在身后。直到1972年中日邦交正常化，双方政府开始

着手为这些日本遗孤寻找血亲，失落的孩子即将返乡。

“1981年我第一次回日本。临行时养母对我说，你对这个家的义务已经尽完，可以回日本去定居。”王林起说。但在日本停留了一年零一个月后，他再次返回中国。“我从小就决定不再回日本。这里就是我的家。”而余作民、张国安和孙生华三人也与王林起一样，在多次探亲之后，又重返养父母身边，敬奉老人至终。

在日驻华使馆接受媒体关注

在四名遗孤中，仅王林起的母亲贾凤朝健在，因此，她成为今天唯一能亲自领取日本政府感谢信的主角。在仪式尾声，念及66年的母子情谊，王林起对着母亲深深鞠了一躬，高声说道："老娘，谢谢您了"。一直静静注视儿子的慈母闻此开怀一笑，现场无人不动容。

日本驻华大使丹羽先生对贾凤朝老人与三位代表自己养父母的遗孤一一朗读了由日本政府签发的感谢信。他说，面对这些遗留在中国大地上的日本孤儿，是"善良而慈悲"的中国人放下国仇家恨，将他们收做儿女。"这种感情，我们永不会忘记。"丹羽先生刚从济南回来，向济南三位养父母亲手交付了感谢信。"因为是感谢信，不能用邮寄，必须要亲手送达。"他说，"我还要去中国二十多个地方，把这些感谢信一一送抵。"

对于这个堪称浩大的工程，丹羽先生对环球网记者表示："日中关系需要加强是毋庸置疑的。但首先，我们希望把我们的感激传递给这些养育了日本国民的中国父母。从小事做起，中日两国关系会越来越好。"

（本文来源：2011年6月2日《环球网》）

2011年6月1日在日本政府向中国养父母颁发感谢状仪式上的发言

各位女士先生们：大家好！

日本军国主义者发动的侵华战争已经过去了66年。那场战争不仅给中国人民带来巨大的灾难和损失，也使日本民众深受其害。其中之一就是遗留下几千名的战争孤儿。他们当中有的是刚出生的婴儿，有的是还不太懂事的幼童少年，因为失去了父母家园，无家可归，生命危在旦夕。在这危难关头，是宽厚善良的中国养父母们伸出双手，收养了这些无助的孤儿。我的日本名叫渡部宏一，日本山形县人，1941年跟随参加开拓团的父母到中国东北。战争末期一个完整的六口之家，只剩下我自己。由于饥饿和疾病，变成皮包骨，奄奄一息。是慈祥的王殿臣养父母一家人给了我第二次生命。当时的养父母们都非常贫困，然而我们这些孤儿们都受到了无微不至的关怀，让我们获得了新生，有了温暖的家。为了报答养育之恩，我们都从小认真学习，成年后努力工作，尽自己的微薄之力来孝敬养父母。除此之外，我们也一直期望日本政府或民间团体，向养育了日本孤儿的中国养父母们表达感谢之情。今天，丹羽大使先生在此举行特别仪式，代表日本政府，真诚地向中国养父母们表示了感谢。这让我们感到非常高兴和欣慰。（谢谢大使先生！）希望这个信息能很快地传达到养父母们和他们的家人。

如今我们这些当年的孤儿们，都已变成了沐浴在夕阳下的幸福老人。

借此机会，让我们向多年关爱我们的中国共产党和政府，广大的民众和养父母及其家人，表示最衷心的感谢！（老娘！谢谢您！）同时也感谢日本政府和国民为我们提供了很多便利条件和援助，使我们能回日本定居或去探亲。最后，让我们衷心祝愿一衣带水的中国、日本两国人民的和平友谊万古长青。谢谢大家！

王林起（渡部宏一）2011年6月1日

（六）我寄给日方有关人员的信件

2007年2月10日寄给日本公益财团法人中国残留孤儿援护基金理事长多田宏先生的信

多田宏理事长：

请原谅突然给您写了信。

我是一名中国残留孤儿，日本名是渡部宏一，中国名为王林起。我于昭和10年出生在山形县东置赐郡高畠町和田村。5岁时跟随父母到中国黑龙江省林口龙爪开拓团。在战事结束之前，父亲被征入伍，最后他逝于俄罗斯，但至今未得到确认。母亲死在逃难中的沈阳难民所，两个弟弟和一个妹妹中的一个弟弟死亡，其他二人不知下落。

当时，我已变成皮包骨的孤儿，处于危在旦夕之际，得到中国养父母的救助，才能活到今日。我在开拓团中上过3年日本小学，一直在做小生意的养父供我上到高中。之后，我在制造大型发电设备的企业工作。现在我与妻子过着平凡的退休生活。

我的养父王殿臣是非常善良的人，遗憾的是在49岁时因患食道癌而逝世。养母贾凤朝今年85岁，6年前由于脑梗死，留下半身不遂和语言障碍的后遗症。

以上，对自己作了简要介绍，我向理事长先生提出一个个人的愿望。

最近，我从厚生劳动省的网页上了解到，昭和61年5月9日，对有关已归国孤儿养父母的扶养费，日中两国有个口头约定：按每个归国孤儿10800元，从财团法人中国残留孤儿援护基金拨给中国红十字总会，再转交给养父母。我从日中两国关系恢复之后到今日，多年来，对自己的养父母除了以个人之力尽孝之外，等待日本政府和民间对救助了日本孤儿的中国养父母表达感谢，并提供抚养费。我这个愿望，曾对厚生省讲过，但未得到明确答复。战事已过60余年，我们从幼年变成老人。希望在养父母们尚健在之时，这个愿望变为现实。

渡部宏一（王林起）2007年2月10日

（原文为日语，中文作了压缩）

2013年11月25日给日本驻华大使木寺昌人的信

木寺昌人大使先生：

请原谅贸然给您写了此信。我的日本名叫渡部宏一，而中国名是王林起。1935年8月20日出生于日本国山形县东置赐郡高畠町元和田。1940年秋，随参加开拓团的父母到中国黑龙江省林口县龙爪镇。1945年年末之前我们一家六口人，有的死亡，有的失散，我本人成为遗华日本孤儿之一。在旧奉天市一处难民所内面临生死危难之时，我有幸得到了中国养父王殿臣夫妇的救助。此后的1957年7月，正在读高中时的我，因为患严重的腹膜炎而病危。三次手术费和住院费，几乎使以做摊贩为生的养父母倾家荡产，宽厚善良的他们再次挽救了我的生命。1960年养父因食道癌逝世，临终前他说："对不住，没能让你上成大学。我也不能到你日本老家去看看了，很遗憾。"养母贾凤朝今年已经91岁，因患脑梗死不能讲话了。但每次去看她老人家，长久握住我的手不放开。2011年6月1日，前任大使丹羽宇一郎先生在使馆官邸，亲手把日本政府向战后收养日本遗华孤儿的中国养父母的感谢信交到养母手中时，她高兴地笑了。（我从1981年始多次短期回日本探亲，几乎每次都会利用拜访劳动厚生省的机会提出希望日本政府或民间团体向中国养父母表达谢意的建议。也曾向援护基金会会长写过信。最后是在一次丹羽大使招待午餐时向他表述了同样的意愿，不久，多年的愿望得以实现，非常欣慰）。我到养父母家不久，从东北沈阳市迁到北京丰台。1949年开始上小学，高中二年时退学。1958年到北京重型电机厂工作，这是制造大型火力发电设备的大企业，1990年退休。学校的老师同学和工作单位的领导职工以及养父母家众多的亲友们都知道我的日本身份，但从未受到过欺负或歧视，有时得到的是更多的照顾和关怀。为了报答养父母的养育之恩，感谢众多长辈、友人之情，我也力所能及地尽孝心、做善事。为中日、日中友好事业做了一些小事情。在我有生之年，愿继续努力。

从日本驻华大使馆官网上得知，木寺大使先生正在为日中关系恢复到正常化而努力。作为出生于日本而在中国北京生活了近70年的老人，写出点希望，仅供参考。

在日本发动的侵华战争中，几乎所有中国民众都受到不同程度的伤害，可以说是中华民族从古至今最大的一场浩劫。但战后主动放弃赔偿，还拯救了大量被遗弃的日本妇女儿童。日中邦交恢复以后，各方面交流往来迅速发展，两国关系达到战略互惠的友好程度。虽然中国民众心中还存有因为战争造成的伤痛阴影，但以他们善良宽容的胸怀，愿与日本友好往来，大部分家庭都在不同程度地使用着日本产品。电视剧《阿信》几乎家喻户晓。但从去年始，因为钓鱼岛（日称尖阁诸岛）问题使两国关系恶化，令人不安。目前双方都认为对此岛据有主权，所以存在争议是不可否认的事实。希望大使先生以日中双方曾经商定的“搁置争议，待后人解决”的共识为前提，早日促成当前危机的妥善解决。

为了促进日中友好关系，40年来日方尽了很大努力，尤其在经济援助、人员培训等领域做出不小贡献。可是很遗憾，据我了解，中国一般民众除了“中日友好医院”是日本援建之外，很少人了解日本对

中国做了哪些有益之事，更不知日方从1990年起，每年在中国各地实施多项利民无偿援助工程。其结果是援助的效果和影响甚微。所以，可否改变部分利民工程援助办法。如目前中方政府开始重视改善偏远贫困地区的教育医疗条件，而对于进入老龄社会的养老设施显得投入不足的现状，把无偿援助资金投向支援养老设施和设备方面。如有可能，希望在首都北京援建一座面向低收入老人和具有示范性的养老院。我想这样做会取得良好的社会效应。在我现居住的石景山鲁谷社区侨联组织正在准备建一处社区内的养老设施，日后有可能向大使馆提出申请无偿援助，到时请给予关照。（我和我的老伴贾彦鸣曾参观过山形县高畠町和北京海淀区日企所建养老院）

我的日语能力太差，只得用中文写了此信，抱歉。

2013年11月25日渡部宏一（王林起）

（七）真诚的祈望

今天我翻开一本相册，视线停留在我的日本父母亲，包括我在内，还有我的弟弟妹妹的一组照片上。这几幅七十多年前的旧照片，是我第一次回国探亲前，母亲的大妹妹花子姨母给我寄来的。本来这些照片，我们家也曾有过，在逃难过程中，当作家里最重要之物，始终由我背在身上。后来在四平车站被无知的苏联士兵抢走，给我们家造成很大损失。当我重新得到这些照片时，就如同见到了我的父母亲和弟弟妹妹们，多年的思念，化作泪水滴落在胸前。其中有一幅照片是在我故居房后的西瓜地边，母亲抱着我、父亲抱着弟弟骏照的。我当时只有两岁，骏是刚出生不久的婴儿。母亲为什么抱着我，而没抱着更小的骏呢。在我母亲身边的近十年当中，始终感觉她在所有孩子里，更喜欢、宠爱我一些。在她的观念里，爱护自己的孩子，将他们扶养成人，是最重要的事情。而父亲的角色是全面负责掌管家里的生活所需。现在，我已经到了要抱重孙儿的年龄，可是从照片上见到母亲年轻、和蔼可亲的面容，瞬间心动，想立刻回到幼年时，依偎在母亲温暖的怀抱里……也想全身伏在父亲有些酒气的后背，移动在从学校回家的小路上。作为身处日本农村的普通百姓家庭，我们渡部一家人，只希望有一种稳定平安的生活。但是，仅仅是这样最低要求的生存条件，竟然被一场不义的战争砸得粉碎。我们的一个完整的家，父母亲落得无葬身之地，弟弟骏饥饿而亡，妹妹登美子、小弟秀策下落

不明，最后只剩下我自己，成为家破人亡的“战争遗孤”。我还有另一本相册，上面有我中国父亲母亲，即我的养父王殿臣、养母贾凤朝，以及我的中国弟弟妹妹们的合影和个人照片。因为养父英年早逝，我没有与他的合影，可让我欣慰的是，存有他初入中年时的留影。我可以面对养父慈善的眼神，表达心中的感激之情。我和养母，我的中国母亲，有很多合影，她如今已是高龄老奶奶。她从年轻时就很喜欢我这个比她小十几岁的外来“大儿子”，可从她见到我的第一眼起，就用一昼夜时间为我赶制成一套崭新的厚棉衣裤，始终待我像她亲生的孩子，关心我的冷暖，关注我的成长。近年，养母因为脑梗，产生了半身不遂和语言障碍，我去探望她时，她长久凝视着我，握住我的手，依然传递出对我的温暖关爱。我与中国弟弟妹妹们的合影中，从大家自然真诚的笑容里，展现了我们兄弟兄妹之间的深厚情谊。

回想近80年的人生经历，觉得我是个命运的幸运儿。日本帝国主义者发动的侵华战争使我成为失去家人、失去所有的“遗华孤儿”。在生死关头，我有幸得到中国养父母和好心人的多次救助，才保住了生命。在中华民族温暖大家庭里，我受到很好教育，从事了理想职业，有了温馨的家。一个“另类”身份的我，被接纳入中国家庭，并来到中国首都北京。在政治、文化、教育各方面都处于中心的环境里，从未受到过歧视或侮辱，与普通中国居民同样受到法律的保护，享受公民权利，尽到公民义务，平安幸福地生活至今日。这就是古老而伟大的国度——中国；这个善良包容的民族，他们反对侵略战争，反对一切外来侵略者；而对于侵略者国家的人民，尤其对于因为饱受战争创伤而留下的遗华孤儿，却与对待自己的孩子、对待自己的兄弟姐妹一样抚养关爱。这是一个伟大民族的传统和魅力。这个民族的胸怀和品德，也深深地滋养了我这个战争遗孤的心灵。

对于日本岛国的原始住民，究竟来自何方，至今还没有统一的观点。但是我认为这个岛国的居民应当庆幸能与隔海相望的中国为邻。同一个肤色的中华民族，位于东亚大陆，地域辽阔，人口众多，是世界人类古代文明发祥地之一。从五千年前发展起来的灿烂文明，到了鼎盛时期的唐代，与周围国家有了密切交往。在当时，日本多次派出遣唐使和留学生，引进唐朝先进的治国典章律令、教育制度、文化艺术各方面的治国要素。并学习了礼仪、历法、节令、习俗以及服装饮食等等，促进和改善了日本民族文明程度，提高了农业生产力。甚至是文字的最终完善也得益于对汉字的借鉴和应用。可以说中国大地和中华民族的存在，对日本民族的生存和发展产生了巨大的影响和推动作用。而对处于历史上的先行者和邻国，日本倭寇曾进行过多次强盗行为，在20世纪日本军国主义者发动的侵华战争，更是以灭绝人性的残暴行为，给中华民族造成空前的大灾难和损失。宽宏海量的受害方，对侵略者不仅没有进行彻底的清算，还主动放弃了战争赔偿，使深受战争之害的日本人民在较短时间内得以复兴。所有有良知的日本人民永远不能忘记那场侵害于人的残酷黑暗历史。1972年中日邦交的恢复，迎来一衣带水的两国友好相处时期，各方面的交流有了良好成果，尤其在经济领域达到战略互惠的程度。其间，日方在支援中国经济建设、文化交流方面做了不少努力，而在两国的贸易、教育、旅游等促进过程中，获得很大益处。

近来，一些日本右倾政客在钓鱼岛（日方称之为尖阁诸岛）、靖国神社，修改宪法问题上的错误观点和行为，严重损害了中日两国关系和民族感情。我作为日本侵华战争的受害者感到非常痛心和不安，已经向现任日本驻华大使木寺昌人先生写信，表达了我的观点和希望。我觉得在这个地球上，日本民族是生存于资源相对匮乏，自然灾害多发的岛国上，唯有走和平发展之路，与邻为善、与人为善，互通有无才能享有立足之地。在一些欲称霸世界，贪婪野蛮的政客发动的侵略战争中，成为“战争遗孤”的我，真诚地祈望，为了多肤色多民族世界人类的和平，为了孩子们幸福的未来，不再有争夺，不再有战争，平等相处，消灭贫穷，为恢复地球村的自然生态环境共同努力。

我对“回忆录式作文”的态度

对《回忆录式作文》的出书，是喜是忧，暂时难以判断。但是觉得我老伴王林起，作为“遗华孤儿”，他已经完成了一半的心愿，我要助其成功。难得他的一份真情，将心灵的感触从笔尖流出，一页页的白纸黑字，是一个被救助的日本在华遗孤的血泪记录，也是他对中华大地的感恩表达。但愿他早逝的养父在天之灵能感知长子的刻骨铭心的思念之情。

我说不出内心的痛楚，道不出满腔的凄凉。六十多年前，一个在严冬寒冷中双手裹布，并渗出鲜血的“小男孩儿”身影，永远定格在我心中。无论未来的岁月是甘是苦，我一直扶他向前。这也是对有恩于我的姑夫王殿臣（王林起养父）的一份孝心吧。

贾彦鸣

2015年4月18日晨

后　记

写到这里，我的回忆录般的作文就要收笔了。因为多年没有写过东西，加上年老体衰，记忆力退化，提笔忘字，可以说的的确确费力不小。希望见到这篇作文的老师同学，亲朋好友，能谅解我这个“另类”用中文记录的个人经历和想法。

2014年就要过去，我又年长一岁，将要成为耄耋之人。我虽然从孩提时候，早已越过而立、不惑、知命、花甲、古稀之年，可是在回顾往事时，仍然梦想时光倒流，回到那无忧无虑，依偎在父母亲身旁的童年和坐在中国父亲自行车上的时光。然而对1945年失去父母弟妹时的惨状又不堪回首。在写文过程里，多次涌出悲愤与感激的眼泪。到明年，侵华战争结束已经70年，我身为幸存下的“遗华孤儿”，被收容在中华民族大家庭里，在善良养父母的救助培育下，享有了较完整的人生。我在这里再次衷心感谢中华民族大家庭赐予我的再生和温暖，争取在有生之年，为反对侵略战争，维护世界和平，做微薄之努力。也希望我的孩子们记住他们上辈人所遭受的战争灾难，珍惜今日和平生活，度过对社会有益的人生。

以上写于2014年岁末

这篇作文的完成，虽然几年之前就得到亲友同学的关注，但是首先要感谢石景山区侨联主席张文先生，促使我下决心动笔写作。在写文过程中，我有幸获得北京日报专栏作家陈援先生的具体指导和真诚鼓励，并在百忙之中不辞劳苦，精心为此文写了序文。还有我的挚友兼上级的但功溥、王立缘，多次不厌其烦地提出写作参考和修改意见。如果没有大家的有力支持和帮助，我再用力也不会写完这篇作文的，我要叩首向他们致谢了。

王林起

2014年岁末